中国人像摄影行业蓝皮书

中国人像摄影行业 发展报告

（2018）

主 编/闫太昌　　执行主编/陈 意

 经济管理出版社
ECONOMY & MANAGEMENT PUBLISHING HOUSE

图书在版编目（CIP）数据

中国人像摄影行业发展报告.2018/闫太昌主编.—北京：经济管理出版社，2018.6
ISBN 978-7-5096-5864-2

Ⅰ.①中… Ⅱ.①闫… Ⅲ.①人像摄影—服务业—研究报告—中国—2018 Ⅳ.①F726.99

中国版本图书馆 CIP 数据核字（2018）第 143068 号

组稿编辑：宋　娜
责任编辑：范美琴　张　昕　赵亚荣　高　娅　田乃馨
责任印制：黄章平
责任校对：张晓燕

出版发行：经济管理出版社
　　　　　（北京市海淀区北蜂窝 8 号中雅大厦 A 座 11 层　100038）
网　　址：www.E-mp.com.cn
电　　话：（010）51915602
印　　刷：三河市延风印装有限公司
经　　销：新华书店
开　　本：720mm×1000mm/16
印　　张：10.5
字　　数：178 千字
版　　次：2018 年 7 月第 1 版　　2018 年 7 月第 1 次印刷
书　　号：ISBN 978-7-5096-5864-2
定　　价：98.00 元

编委会名单

前　言

　　中国人像摄影行业作为服务业，具备文化融合、品牌创新、资源共享、服务民生等特点，一直致力于满足人民日益增长的对美好生活的需求。经过30余年的发展，人像摄影行业已成长为一个庞大的生活服务类刚需产业。

　　中国人像摄影行业跨入新时代，中国人像摄影行业始终按照商务部《居民生活服务业发展"十三五"规划》对人像摄影行业提出的发展要求，按照"五位一体"总体布局和"四个全面"战略布局的要求，坚持"稳中求进"的总基调、"诚信兴商"的总要求、"转型升级"的总思路，以及"创新发展"的总目标，抓住促消费、保增长的大环境、大趋势，积极从提高产品及服务供给质量出发，培植创新能力、激发企业活力、优化业态结构、完善发展环境。2017年，我国人像摄影行业稳健发展，行业全口径收入达3745.4亿元，同比增长18.2%；行业经营单位43.6万家，同比增长5%；从业人员609.22万人，同比增长1.2%。人像摄影行业对拉动经济增长、扩大社会就业、满足人民群众对美好生活的需要做出了积极贡献。

　　本书力求准确反映2017年中国人像摄影行业的发展概况及存在问题，并结合行业发展趋势，提出相关政策建议，为政府政策决策、企业经营管理和相关投资决策提供参考。为了突出人像摄影行业发展的重点及篇幅有限，本书在行业概论的前提下重点突出了婚纱摄影、儿童摄影业态的内容，供业界人士借鉴。

目　录

2017 年中国人像摄影行业发展概况

第二篇
婚纱摄影行业发展篇

第三篇
儿童摄影行业发展篇

第四篇
中国人像摄影行业发展策略

Part 1

第一篇

2017 年中国人像摄影行业
发展概况

第一章
人像摄影行业总体发展概况

为科学、高效测算 2017 年度中国人像摄影行业发展情况，本报告主要采用以下三种行业数据测算方法：一是典型企业调查法。在全国范围内选取人像摄影行业五大门类——婚纱摄影类、儿童摄影类、综合摄影类、产品制作类、影像服务类等典型企业，通过实地调研与电话、网络邮件调研沟通获取 2017 年企业发展数据。二是文献研究法。查阅 2011~2017 年，商务部服务贸易和商贸服务业司与中国人像摄影学会发布的《中国人像摄影行业发展报告》获取相关行业发展数据。此外，利用国家统计局、民政部、商务部等政府部门官网查询行业发展相关历史数据。三是数值研究法。使用分析软件 Origin9.1 版，结合获取到的典型企业调研数值，基于人像摄影行业经营辅助分析决策支持系统，采用关键假设以及固化历史数据，构建测算模型。

鉴于典型企业统计方法的局限性，考虑到行业中小微企业数据披露机制不健全、行业尚存在非法人经营单位等不易统计因素，相关统计数据可能存在偏差，2017 年人像摄影行业发展的实际规模可能大于本报告测算的结果。

2017 年中国人像摄影行业发展主要呈现以下特点：人像摄影行业进入发展新时代，继续保持稳健增长；人像摄影行业致力于解决人民日益增长的美好生活需要，已成长为一个庞大的生活服务类刚需产业，行业结构显著优化；行业效益同比稳步增长，服务产能继续扩大；创新成为行业发展第一动力，行业新增长点不断涌现；"走出去"，参与国际市场竞争，行业国际化程度不断增强；移动互联网加速整合人像摄影行业；人像摄影行业继续为"稳增长、保就业、惠民生、促改革"做出贡献。

一、人像摄影行业进入发展新时代，继续保持稳健增长

2017 年，中国人像摄影行业认真学习领会和贯彻落实中共十九大精神，按照"五位一体"总体布局和"四个全面"战略布局的要求，积极适应经济发展新常态，践行创新、协调、绿色、开放、共享五大发展理念，开启了高质量发展时代新征程。行业整体规模持续扩大，业态结构趋于合理，行业效益稳步增长，服务质量和水平不断提升。

据不完全统计，2017 年中国人像摄影行业全口径收入增加 576.7 亿元，达 3745.4 亿元，同比增长 18.2%，行业经营单位 43.6 万家，同比增长 5%，从业人员 609.22 万人，同比增长 1.2%（见图 1-1 和图 1-2），新增就业 7.22 万人。人像摄影行业对拉动经济增长、扩大社会就业、满足人民群众对美好生活的需要做出了积极贡献。

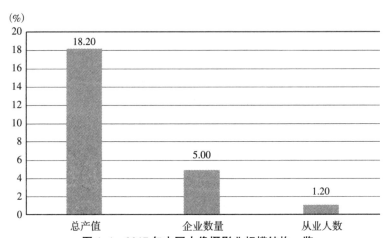

图 1-1　2017 年中国人像摄影业规模结构一览

资料来源：根据商务部流通服务业典型企业统计数据及行业会员企业调研数据测算。

图 1-2　2012~2017 年中国人像摄影行业产值

资料来源：根据 2012~2016 年《中国人像摄影行业发展报告》数据及行业会员企业调研数据测算。

二、人像摄影行业致力于解决人民日益增长的美好生活需要，已成长为一个庞大的生活服务类刚需产业，行业结构显著优化

中国特色社会主义进入新时代，我国社会主要矛盾已经转化为人民日益增长的美好生活需要和不平衡不充分的发展之间的矛盾。我国社会主要矛盾的变化是关系全局的历史性变化，人像摄影行业作为服务业，将更好地满足人民摄影方面日益增长的需要，提升人们的生活幸福指数。

随着移动互联网的大发展、智能手机的爆发、社交媒体的盛行，人类创造的影像数据正在全方位地呈指数级增长，人人都在生产影像，人人都是媒介，人人都在传播影像，人人都在消费影像，摄影行业迎来了全民摄影时代。人像摄影行业作为服务业，具备了文化融合、品牌创新、资源共享、服务民生的特点，经过三十余年的发展，人像摄影行业已经成为一个与人民大众日常生活密切相关的重要组成部分。婚前拍摄婚纱照、孕后拍摄儿童亲子照和全家福摄影等，也早已经成为人们生活中影像消费的刚需产品。

2017 年，人像摄影行业业态结构更加专业化和细分化，总体分为五类：

婚纱摄影类、儿童摄影类、综合摄影类、产品制作类、影像服务类。婚纱摄影类包括婚纱摄影、婚礼摄影、结婚纪念照摄影、旅游婚纱摄影、私人定制婚纱摄影等；儿童摄影类包括儿童摄影、新生儿摄影、婴童摄影、亲子摄影等；综合摄影类包括证件照摄影、团体照摄影、艺术写真摄影、毕业照摄影、孕妇摄影、全家福摄影、广告摄影、产品摄影、微电影等；产品制作类包括婚纱礼服生产、摄影摄像器材销售、照片材料生产与冲印、相册相框制作、场景设计制作等；影像服务类包括摄影基地、专业（职业）教育培训、摄影与婚礼展会、专业软件开发生产、互联网平台建设与服务等。

2017 年，人像摄影行业经营单位 43.6 万家，同比增长 5%，从业人员 609.22 万人，同比增长 1.2%，新增就业 7.22 万人。人像摄影行业结构稳步优化调整，五大门类业态更加细分化、专业化。婚纱摄影类、儿童摄影类、综合摄影类、产品制作类、影像服务类占比分别为 31.4%、29.5%、15.3%、19.6%、4.2%（见图 1-3）。从人像摄影行业五大业态占比来看，婚纱摄影类比重较 2016 年下降 3.4 个百分点，儿童摄影类增长 3.3 个百分点。值得注意的是，2015 年以来儿童摄影类行业收入、行业企业数、就业人口增速领跑人像摄影全行业，大有超越婚纱摄影类之势。

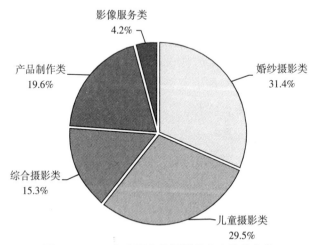

图 1-3　2017 年中国人像摄影业业态结构分类

资料来源：根据商务部流通服务业典型企业统计数据及行业会员企业调研数据测算。

从区域发展看，我国人像摄影行业区域发展体现了我国经济分布的特点，呈现"东南沿海发达、中西部欠发达"的局面。以北京、上海、江苏、浙江、福建、广东、海南为代表的东南沿海地区是最为集中的发达地区，中部和西南地区是带动行业增长的重要力量，西北地区是行业新的增长点。从城市区域市场发展来看，一、二线城市增速放缓但客单价增长，三、四、五、六线城市随着居民收入提升，再加之人口基数大，成为行业最大增长点。

三、行业效益同比稳步增长，服务产能继续扩大

据不完全统计，2017 年中国人像摄影行业全口径总收入增加 576.7 亿元，达 3745.4 亿元，同比增长 18.2%，行业经营单位增长 2 万家，达 43.6 万家，同比增长 5%，从业人员 609.22 万人，同比增长 1.2%，新增就业 7.22 万人。人像摄影行业保持同比增长的因素包括：一是经济保持中高速增长，人民收入增加，经济支撑力更加牢固。2017 年，我国国内生产总值比上年增长 6.9%，总量达到 82.7 万亿元，全国居民人均可支配收入 25974 元，其中城镇居民人均可支配收入 36396 元，农村居民人均可支配收入 13432 元。我国经济保持中高速增长，人民可支配收入同比增长，为人像摄影行业持续发展提供了更加牢固的经济基础。二是政策环境不断优化，政策受惠面更加广泛。国家出台了一系列加快服务业改革发展和供给创新的文件以及优惠政策，尤其是《服务业创新发展大纲（2017~2025 年）》，为深入打造人像摄影行业服务新品牌和新路径提供了指引。从享受小型微利企业所得税优惠政策看，2017 年小微受惠企业所占比重达到 29.2%，进一步降低了人像摄影行业小微企业税负。国家"二孩政策"继续释放政策红利，进一步为儿童摄影行业带来了庞大的消费群体。三是人像摄影经营单位创新力增强，呈现规模化和品牌化发展。在人像摄影行业经营成本大幅度提升、行业整体利润率下行、消费群体"85 后"和"90 后"占主导、大量投资资本涌入、"互联网+"加速变革传统行业等因素的综合影响下，2017 年人像摄影行业经营单位继续进行产品创新、服务创新、商业模式创新，行业内出现一批品牌度高、实力雄厚的独角兽企业。

四、创新成为行业发展第一动力，行业新增长点不断涌现

中共十九大报告提出，创新是引领发展的第一动力。在激烈的行业竞争中，唯创新者进，唯创新者强，唯创新者胜。2017 年，人像摄影行业传统业态增速继续下降，为适应消费者对个性化、专业化、多元化、国际化产品和服务的需求，婚纱摄影类、儿童摄影类、综合摄影类、产品制作类、影像服务类五大行业门类坚持创新驱动、融合发展，以创新力带动行业转型升级，新技术、新产业、新业态、新模式、新组织形式蓬勃发展，为行业稳中有进、稳中向好注入了新的强劲动力。

婚纱摄影类中旅行拍摄和婚礼摄影成为行业新的增长点。在国家全域旅游政策的鼓励下，旅游摄影继续保持高速增长。国内目的地中三亚旅游摄影同比增长 16.2%，厦门增长 17.9%，丽江增长 15.1%，海外旅游摄影同比增长 9.4%，其中东南亚地区增长 13.8%。婚礼纪实摄影市场发展自 2008 年起突飞猛进，需求越来越强劲，行业均价呈现 10 倍以上的爆发式增长，行业生态逐渐完善。受国家"二孩政策"红利的释放影响，儿童摄影在行业增速和行业利润增长方面，继续领跑人像摄影行业，成为行业主要增长点。综合摄影集各业态摄影、生产、服务、研发为一体，呈现快速发展趋势。移动互联网和新媒体时代，广告摄影、产品摄影、微电影摄影等摄影门类朝着专业化方向发展，成为行业的新的增长点。影像服务方面，一、二线城市摄影综合体基地建设数量（含改造和再建）增长放缓，三、四线城市同比增长 40%。摄影教育培训方面，市场刚性需求量大，人像摄影独角兽企业、高等院校、互联网教育平台开始布局摄影职业教育和人像摄影行业企业管理教育。软件开发方面，人像摄影企业加速互联网平台布局，整合线上线下资源，互联网摄影 OTO 平台、物联网、SaaS、ERP、大数据平台加速崛起。

五、"走出去"，参与国际市场竞争，行业国际化程度不断增强

"走出去"是我国经济发展的国家战略，当前我国的摄影技术水平已经赶上或超越发达国家，人像摄影行业高度参与国际市场竞争，已经由过去的技术引进、资本引进变为产品技术输出、文化输出、资本输出。

2017 年，人像摄影行业积极响应国家"一带一路"倡议，在泰国曼谷以常任主席国身份主持召开亚洲专业摄影联盟（UAPP）第五届主席国第七次会议；圆满完成 2018 年世界杯摄影大赛中国赛区（WPC）作品评选活动。随着消费者对国际化人像产品需求的旺盛，我国部分摄影企业已在东南亚、欧洲部分国家和地区，取得从事商业摄影的资质，已在全球知名的人文或自然景区设立旅行拍摄基地，提升了企业在全球市场资源配置的能力。

六、移动互联网加速整合人像摄影行业

移动互联网时代，传统行业要么创新变革，要么被颠覆。人像摄影行业在国家"宽带中国""网络强国""互联网+"行动计划等战略的有力推动下，改变以往将互联网当作获客渠道的工具思维，创新运用移动互联网、云计算、大数据、云储存、移动支付、物联网等信息技术，高效地整合线上线下资源，创新定向营销模式、企业管理模式和商业模式。互联网已经成为人像摄影行业提质增效的新引擎、大众创业万众创新的新平台。

七、人像摄影行业继续为"稳增长、保就业、惠民生、促改革"做出贡献

就业是民生之本，是人民群众获得收入、维持生计和进一步改善物质精神生活的基本途径。服务业是国民经济的重要组成部分，吸纳了大量劳动力，逐渐成为吸纳劳动力最多的产业和新增就业主渠道，极大地促进了就业增长和就业结构的优化。

人像摄影行业属于生活性服务业，2017年人像摄影业营业额3745.4亿元，占全年国内生产总值82.7122万亿元（增速6.9%）的0.45%；2017年人像摄影业新增就业人数7.22万人，占全国城镇新增就业人口1351万人的0.53%。人像摄影业在解决社会就业、拉动内需、带动相关产业发展、满足人民群众对美好生活的向往等方面做出了积极的贡献。

第二章
人像摄影行业发展的困难与不足

我国人像摄影行业历经多年的发展，行业总体向好，但仍然存在一些问题，具体表现为：行业正处于转型升级的关键阶段，行业整体利润率增长放缓，经营成本沉重，行业进入微利期；行业集中度低，企业规模小，核心竞争力不强；人才成为制约行业健康发展的重要因素。

一、行业正处于转型升级的关键阶段，整体利润率增长放缓

2017 年，我国人像摄影产业链结构不断优化，客单价显著增加，企业经营管理水平提高。2017 年，行业平均利润率为 11.7%，同比上升 0.4 个百分点。其中，婚纱摄影类平均利润率约为 7.4%，同比下降 0.8 个百分点；儿童摄影类平均利润率为 17.5%，同比上升 1.7 个百分点；综合摄影类平均利润率为 9.3%，同比上升 0.6 个百分点，产品制作类平均利润率为 16.9%，同比增长 0.4 个百分点；影像服务类平均利润率为 12.0%，同比增长 1.2 个百分点（见表 1-1）。

表 1-1 2012~2017 年人像摄影行业平均利润率

单位：%

年份	行业平均利润率	婚纱摄影类	儿童摄影类	综合摄影类	产品制作类	影像服务类
2017	11.7	7.4	17.5	9.3	16.9	12.0
2016	11.3	8.2	15.8	8.7	16.5	10.8

续表

年份	行业平均利润率	婚纱摄影类	儿童摄影类	综合摄影类	产品制作类	影像服务类
2015	9.0	7.2	13.6	7.9	—	—
2014	9.0	8.0	13.0	10.0	—	—
2013	10.8	9.0	15.0	11.0	—	—
2012	12.8	12.0	15.0	13.0	—	—

注：2012~2015 年，产品制作类摄影和影像服务类摄影皆划归综合摄影类统计。

资料来源：根据 2012~2017 年《中国人像摄影行业发展报告》数据整理。

"互联网+"时代，营销流量费用大幅提升，企业获客成本提高，人力成本与租金继续上涨，企业的经营压力加大，中小企业加速倒闭破产。根据人像摄影协会典型企业调查和会员企业调查数据测算，2017 年典型企业四项费用同比增长 9.7%，其中行业平均工资增长 8.1%，税金增长 6.7%，房屋租金增长 15.2%，营销费用增长 8.6%（见表 1-2）。通过上述数据可知，人像摄影行业在营业收入基本不变的情况下，利润总额却出现了较大幅度的下降，主要原因在于成本的增加，其中房租成本和营销成本增加最多。网络营销费用增长较快，单用户获客成本由 300 元增加到 500 元，增长 65%。总体来看，行业盈利水平降低，企业经营困难迹象出现。表 1-3 为 2017 年人像摄影行业典型企业基本情况统计表。

表 1-2　2012~2017 年人像摄影行业经营成本情况变化

单位：%

年份	典型企业费用同比增长率	行业平均工资增长率	税金增长率	房屋租金增长率	营销费用增长率
2017	9.7	8.1	6.7	15.2	8.6
2016	8.0	6.7	6.5	12.3	6.5
2015	6.4	6.0	6.4	8.6	4.8
2014	5.0	3.5	5.5	—	4.5
2013	7.0	15.45	—	—	—
2012	7.03	15.45	4.6	—	—

资料来源：根据 2012~2017 年《中国人像摄影行业发展报告》数据整理。

表 1-3　2017 年人像摄影行业典型企业基本情况统计

单位：%

指标	同比增长
总收入	18.2
企业总量	5
从业人员	1.2
平均利润	11.7
四项费用占营业额平均比重	9.7
营销费用占营业额平均比重	8.6

二、行业集中度低，企业规模小，核心竞争力不强

2012~2017 年，我国人像摄影企业从 35 万家增长到 43.6 万家，行业年营业收入从 1650 亿元递增至 3745.4 亿元，翻了一番。但总体来看，我国人像摄影企业规模普遍偏小，缺乏规模经济。2017 年人像摄影行业企业平均年营业收入仅 859037 元，平均从业人数仅 14 人（见表 1-4）。行业整体集中度过低，龙头企业尚未形成，造成婚纱摄影和儿童摄影行业内没有一家企业能占据全国 5% 的市场份额。

表 1-4　2012~2017 年人像摄影行业企业收入和从业人数

年份	2012	2013	2014	2015	2016	2017
企业数量	350000	350000	380000	404000	416000	436000
行业年营业收入（亿元）	1650	2160	2465	2706	3168.7	3745.4
企业平均年营业收入（元）	471429	617143	648684	669802	761707	859037
行业从业总人数（人）	5500000	5600000	5750000	5967000	6020000	6092200
企业平均从业人数（人）	15.7	16.0	15.1	14.8	14.5	14.0

资料来源：根据 2012~2017 年《中国人像摄影行业发展报告》数据整理。

此外，行业区域发展不均衡，偏向集中在东南沿海省市；企业研发投入不足，自主创新能力弱，高端产品供给不足；产品同质化普遍。

我国的人像摄影行业经过 30 余年的发展，已经由小规模、低质量、低

水平的自由竞争阶段向适度规模、高质量、高水平的综合竞争发展。综合竞争对企业资金实力、技术实力、管理能力提出了很高的要求，客观上要求人像摄影企业必须形成规模，追求规模效应，提高抗风险能力。

三、人才成为制约行业健康发展的重要因素

摄影是一门专业性极强的艺术，人像摄影行业是知识创造型行业，对人像摄影行业经营单位而言，人才是企业发展的软实力。我国的人像摄影行业发展较晚，从业人员整体素质偏低且行业缺乏系统的教育培训体系，基本沿用老旧的师徒制来传递技能和经验。人像摄影行业高素质人才严重匮乏，已成为行业发展滞后和转型迟缓的重要原因。

人像摄影行业典型企业调查数据显示，2017 年全国人像摄影行业从业人员中，大学本科以上学历职工仅占 33.5%左右，其中摄影专业本科以上学历占 12.7%；高中和大专学历占 47.9%，中专学历占 18.6%。即使在经济、高校教育资源较发达的北京、上海、广州、深圳，人才状况也很不乐观。

就整体而言，目前我国人像摄影行业人才结构性矛盾突出，缺乏两类专业人才，一类是创新型高端摄影师，另一类是企业经营管理人才。导致人像摄影行业人才匮乏的原因主要有三方面：一是人才激励机制不健全。当前在人像摄影企业内部，销售重要性大于摄影，销售人员收入远远高于摄影师收入，行业对专业摄影师吸引力低。二是人像摄影行业中小型企业占主导。为节约成本，往往采取家族式经营方式，很少引入专业的管理人员。三是我国摄影人才培养供给不足。虽然目前国内很多高校都设有摄影专业，但摄影专业毕业生往往更愿意选择从事新闻摄影、影视摄影、商业摄影。

第三章
人像摄影行业发展趋势预测

　　世界永远都在变化，唯一不变的是变化本身。在可预测的未来，人像摄影行业发展将呈现以下趋势：新科技革命将重构人像摄影行业；行业进一步分化，优胜劣汰，行业独角兽企业加快上市进程；新媒体时代，人像摄影充满机遇与挑战；摄影师个体价值将被肯定，自由摄影师将成为行业的有益补充。

一、新科技革命将重构人像摄影行业

　　世界人像摄影行业自产生至今，已有 100 余年的历史，未来对于我国人像摄影行业而言，首要的冲击不是同类对手的价格竞争，而是新的科技革命衍生的新产品、新技术、新型组织等引发的竞争，这些甚至会颠覆整个行业生存的基础。对于人像摄影行业而言，每一次科技创新，既是机遇又是挑战。如果能以开放的态度迅速将新科技革命的成果运用到人像摄影业务中，将带来行业的巨大变革。如果忽视新的科技革命，很可能被颠覆。

　　2016~2017 年人工智能（AI）、机器学习、AR/VR 技术、自动驾驶、共享单车、大数据和云计算/云存储等技术创新颠覆了许多传统行业，人像摄影行业也在加速运用最新的科技成果。当前 AR 增强现实技术迅猛发展，部分人像摄影企业已将 AR 技术广泛应用于婚纱摄影摄像、儿童摄影摄像、相册制作包装等方面，用科技驱动影楼行业新一轮的转型升级。

　　部分人像摄影企业正在利用人工智能技术，加速研发智能摄影系统。智能摄影系统是指根据高水平摄影师、灯光师经验，将经验标准化、程序化，将光圈、速度、白平衡、感光度、灯光输出指数、光源配置等写入程序模板，输入电脑。通过数据中心控制灯光、相机，摄影师只需要对焦，即可一键完成拍摄。此外，通过精准化的合成技术，还可以完成各类外景拍摄。

　　未来，人工智能摄影系统的研发，不但会大幅降低人力、房租装修成本，同时也能实现摄影复制和摄影标准化。随着人工智能技术的普及化，传统的人像摄影行业存在被人工智能摄影颠覆的可能性。

二、行业进一步分化，优胜劣汰，行业独角兽企业加快上市进程

　　随着行业市场趋向饱和，同质化竞争加剧，人像摄影行业发展将呈现两极化。一方面，规模小、企业核心竞争力低的弱势人像企业，由于亏损等原因无法持续经营逐渐退出；另一方面，一些市场占有率高、规模大的品牌企业和专注于科技、模式创新的企业，仍将逆势增长，进一步巩固和优化自身的竞争优势。随着未来人像摄影行业的发展趋势逐步明确，优胜劣汰之后优质人像摄影企业将迎来新的成长周期。

　　企业股改上市，是企业优化融资渠道、增强发展驱动力的最佳途径。未来，人像摄影行业将迎来第一波企业上市高峰期，部分行业独角兽企业已经完成在主板、中小企业板、创业板、新三板上市的准备，将借助资本市场做强、做大、做优。

三、新媒体时代，人像摄影行业充满机遇与挑战

　　人像摄影是一种视觉媒介，以拍摄方式为表现手段，直观感强。当前信息传播已经进入新媒体时代，信息传播的手段层出不穷，数字化、网络化的

媒介信息环境，改变了人们的认知、学习、生活、社交方式。这对人像摄影行业而言，既是机遇又是挑战。

新媒体时代是人像摄影行业发展的一次机遇。新媒体时代，摄影不再是一种神秘的、高高在上的艺术形式，它以更加简单的技术手法和更加清晰的成像形式走进了普通人之中。图像成为一种更直观、更生动的传播手段，"读图"已成为人们最易接受的信息接收方式。全民爱摄影，全民爱读图，一方面扩大了人像摄影的消费市场，另一方面更容易凸显人像摄影的专业价值。

新媒体时代，传统人像摄影工作也面临三大挑战：一是传播渠道发生变化，从单一的平面媒体、纸质媒体扩展到以互联网为基础的电脑、手机等多媒体媒介。二是创作主体多元，自由摄影师和业余摄影师大量涌入人像摄影行业，对职业摄影师提出了挑战。三是传播形式上，用户的阅读朝着视觉化方向发展，声音、文字、图形、影像等复合形式对静态的图片提出了挑战。

四、摄影师个体价值提升，自由摄影师将成为行业的有益补充

人才对企业的生存与发展起着至关重要的作用，摄影师是人像摄影行业发展的第一资源，只有提升摄影师的行业地位、尊重摄影师的价值，才能吸引高素质的人才从事摄影，生产出高质量的摄影产品。未来摄影师人才将成为人像摄影企业之间最为重要的争夺资源，摄影师的个人价值将被肯定，企业将针对摄影师群体建立科学的激励机制和人才培养机制。

随着国家取消摄影师职业资格认证，摄影职业准入门槛降低，越来越多的业余摄影爱好者成为自由摄影师。自由摄影师群体的出现，一方面，保障了人像摄影行业人才来源的多元化、高端化；另一方面，出现各类摄影师工作室，满足了"85后""90后"对人像摄影产品定制化、服务个性化的需求。

第四章
人像摄影行业持续发展的对策

2018 年是贯彻中共十九大精神的开局之年，是改革开放 40 周年，是决胜全面建成小康社会、实施"十三五"规划承上启下的关键一年。人像摄影行业站在新起点，抢抓新机遇，将通过以下措施实现行业健康发展，具体表现为：加大政策扶持，完善行业监管，加强行业自律，营造行业发展的良好环境；坚持行业创新驱动，跨界融合，提质增效；重视产品创新开发，树立企业品牌，增强企业综合竞争力；加强人才队伍建设，提供智力支撑；加强国际合作交流，提升国际竞争力。

一、加大政策扶持，完善行业监管，加强行业自律，营造行业发展的良好环境

进一步提高对发展人像摄影行业重要性的认识。政府各级部门要认识到发展人像摄影行业对于我国经济发展和满足人民群众日益增长的美好生活需求的重要意义，破除各类显性隐性准入障碍，把促进人像摄影行业发展放在经济社会发展的优先位置予以谋划。

贯彻落实国家在财政、税收、金融、土地等方面的优惠政策。重点抓好企业技术开发费加计抵扣、小型微利企业所得税优惠等一系列税收优惠政策；强化人像摄影行业知识产权保护，构建依法严格保护人像摄影行业知识产权的良好环境；针对人像摄影行业企业融资难、融资贵等情况，鼓励金融机构创新人像摄影行业发展的金融产品和服务，探索开展知识产权和非专利

技术、商标等无形资产质押贷款试点；加快构建开放、高效、多层次的资本市场体系，充分发挥中小板市场、创业板市场等对人像摄影企业的培育和促进作用，促使企业通过资本市场募集资金做强做大；鼓励和支持有条件的地区，引导社会资本，建设一批人像摄影产业园区，引导产业集聚。

政府监管是人像摄影行业规范发展的重要保障。建议政府部门出台人像摄影行业发展指导标准；逐步完善人像摄影行业统计调查体系和重点企业监测；加强人像摄影服务市场诚信建设，建立健全市场主体信用记录，构建守信联合激励和失信联合惩戒机制；完善消费者权益保障制度，健全服务纠纷解决机制；利用各种公共信息平台，将政府各部门涉及人像摄影行业企业违规违法行为及信用状况、服务质量检查结果、顾客投诉处理结果等信息及时向全社会公布。

行业自律是人像摄影行业可持续发展的内在基础。相对于政府监管，行业自律在降低监管负担和规制成本、避免市场主体与监管主体之间的信息不对称、提高专业性和标准化程度等方面有着不可替代的作用。应进一步完善中国人像摄影学会这一全国性行业组织内部机构和各专业委员会，明确其职责与业务范围；制定人像摄影行业标准和从业行为准则；建立行业内部自律惩戒机制和信息共享、披露机制。

二、坚持行业创新驱动，跨界融合，提质增效

创新是人像摄影行业由低技术水平、低附加值状态向高新技术水平、高附加值状态转型升级的重要驱动力。过去 30 年，我国人像摄影行业高速增长的同时，积累了大量的结构性矛盾。我国经济处于增长速度换挡、结构调整阵痛和前期刺激政策消化的"三期叠加"阶段，再加上消费者需求已从过去不同领域的横向拓展逐步演变成同一领域的功能纵向升级消费，人像摄影行业提升创新能力和创新质量，不断完善创新体系，转型升级迫在眉睫。

跨界融合是助推人像摄影行业转型升级的重要抓手。跨界融合是以新科技和新平台为依托，将现有产业领域和要素资源，经过相互渗透、融合或裂

变，整合利用到一起，实现产业价值链的延伸或突破，形成独特的创新能力和核心竞争力。人像摄影行业跨界融合主要有两种模式：一是"互联网＋人像摄影行业"，互联网的本质是连接、开放、协作、分享，利用互联网跨界整合优势，由技术创新深入到商业模式创新、营销创新、金融创新、文化创新，企业创新业态向平台、开放、产业链流程高端转变。二是"文化＋人像摄影行业"，为人像摄影行业产品和服务植入文化DNA，赋予文化内核、文化元素、文化精神和文化附加值。

提质增效是人像摄影行业有效控制成本，提高生产效率，提升技术、质量和服务水平，创新发展空间，提升竞争能力的迫切要求。提质增效的核心在于"质"，关键是实现三个创新，即科技创新、管理创新、商业模式创新。要通过改革创新和转型升级，打造品牌优势，提高企业核心竞争力，实现企业创新发展、协调发展、绿色发展、开放发展、共享发展。此外，人像摄影行业要提升组织运营效率与要素利用效率，科学选择标杆企业，通过深入比较，明确自身不足，寻找解决方案，努力提高企业管理效率。通过提质增效，在激烈的市场竞争中抢占制高点，扩大市场份额，赢得主动权。

三、重视产品创新开发，树立企业品牌，增强企业综合竞争力

重视新产品开发。市场经济是产品经济，互联网时代是口碑时代，产品是企业的核心竞争力。随着国内外市场需求的不断变化，新产品开发日益成为人像摄影经营单位成功经营的关键。人像摄影经营单位必须以市场为目标，通过新技术、新工艺、新设备不断促进产品的升级换代，形成和创造新的市场需求。

互联网时代的企业竞争是以品牌为核心的综合实力的竞争。互联网将原本的区域竞争推向全国乃至全球的同类产品竞争，在这种环境下，面对越来越多的同质化竞争对手，唯有品牌才能让企业在市场竞争中脱颖而出，做大做强。品牌作为产品和企业核心价值的体现，是除产品本身价值之外的一项

重要附加值，不但可以增强产品的认知度和消费者忠诚度，还能有效增强产品溢价，让产品在无形中增值。鼓励人像摄影经营单位加强品牌建设，引导经营者增强品牌意识，健全品牌管理体系，提升品牌认可度和品牌价值，打造国内和世界知名品牌。

四、加强人才队伍建设，提供智力支撑

坚持"尊重劳动、尊重知识、尊重人才、尊重创造"的原则，做好行业人才资源开发和人才队伍建设。首先，构建人像摄影行业多层次、多类型人才教育培训体系，着重培养高端专业人才、应用技术技能型人才、经营管理复合型人才。其次，强化业务培训，深化产教融合、校企合作、工学结合，充分依托高等教育、职业教育和社会培训机构，推行终身职业技能培训制度，鼓励职业技能和专业知识持续更新。最后，引导企业人才激励机制建设，支持人才以知识、技能、管理等多种创新要素参与分配的多元分配方式，健全人像摄影行业人才评价体系，培育完善的人才市场体系。最终培养一批高素质、专业性强、结构好、规模大的人像摄影人才队伍。

五、加强国际合作交流，提升国际竞争力

习近平主席在中共十九大报告中指出："要以'一带一路'建设为重点，坚持'引进来'和'走出去'并重，遵循共商共建共享原则，加强创新能力开放合作，形成陆海内外联动、东西双向互济的开放格局。"

"一带一路"建设是我国扩大对外开放的重大举措和经济外交的顶层设计。人像摄影行业应该借此机会，将"走出去"与'引进来'相结合，开拓两个市场，用好两种资源。一方面，鼓励我国人像摄影行业企业参与国际市场和技术竞争，输出产品、文化和资本；另一方面，引进国外先进的人像摄

影行业技术和管理方式，鼓励国外人像摄影行业知名科技研发机构和企业来华从事人像摄影行业投资。

发挥中国人像摄影学会及各省市分会、专业委员会的主体作用，积极动员和组织人像摄影企业和从业者，以扩大行业国际竞争和交流合作为主轴，以参加世界杯摄影大赛、海外旅行拍摄为突破口，以开展"成功之道·探索之旅""上海国际婚纱摄影器材展览会"等项目为载体，不断深入发掘多层次、多样化的交流渠道，在全球范围内配置资源、开拓市场，拓展发展新空间，提升国际竞争力。

Part 2

第二篇

婚纱摄影行业发展篇

第一章
2017 年中国婚纱摄影行业发展概况

本章主要依据商务部商贸服务典型企业统计数据、中国人像摄影协会典型企业数据和本课题组调研数据进行测算，鉴于典型企业统计方法的局限性，考虑到行业非法人经营单位、从业人员的流动性和不易统计等因素，相关统计数据可能存在偏差。

一、婚纱摄影行业发展总体概况

2017 年，婚纱摄影行业发展呈现以下特征：行业属于婚嫁产业上游核心产业，行业增速放缓，接近饱和；行业进入优胜劣汰的调整期和优化配置的发展期；结婚人口逐年整体下降，行业内竞争更加激烈，中部和西部地区三、四线城市成为新的增长点；行业业态结构更加细分；2017 年婚纱摄影年度关键词："90 后"成为结婚主流人群、客单价上涨、品牌口碑、个性化；地方陆续出台婚纱摄影行业规范和操作标准，促进婚纱摄影行业健康有序发展；个人工作室异军突起，传统影楼市场份额萎缩；跨界融合：婚纱摄影＋旅游，旅行拍摄成为婚纱摄影主要消费品类、旅行拍摄目的地经济发展重要增长点和旅游在线网站重要项目内容；婚纱摄影线上 OTO 综合性平台竞争激烈，新业态不断出现；行业进入整合期，独角兽企业出现。

（一）行业属于婚嫁产业上游核心产业，行业增速放缓，接近饱和

男婚女嫁乃人生大事，在准新人对结婚消费项目的选择上，婚纱摄影是关注度最高的一项。美团点评发布的《2017年结婚用户评论大数据报告》显示，在男性与女性关注的结婚品类 Top 3 中，男性依次为婚纱摄影、婚宴、西服定制；女性依次为婚纱摄影、写真、婚纱礼服。结婚男性与女性共同关注点都是结婚照和礼服。

站在产业发展角度来看，婚礼策划、婚纱摄影、婚纱礼服、婚宴属于婚嫁产业的四大核心产业。虎嗅网发布的《中国婚嫁 O2O 行业分析报告》显示，2017年国内狭义婚嫁消费市场规模达 4860 亿元（见图 2-1）[①]，更为重要的是，与其他结婚消费相比，婚纱摄影决策相对独立，婚纱摄影行业作为婚庆行业产业链的上游产业，基本不需要依附婚庆行业而生存。

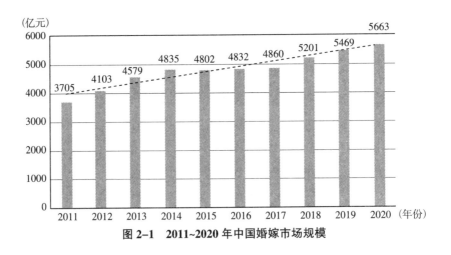

图 2-1   2011~2020 年中国婚嫁市场规模

数据显示，2017年中国人像摄影行业全口径收入达 3745.4 亿元，其中婚纱摄影实现年产值达 1486 亿元，营业收入占 39.68%。2017年婚纱摄影企业总数已达 14.39 万家，占人像摄影行业企业总量的 33%，从业人员 216.93

---

① 关于婚嫁市场规模的测算，虎嗅网只测算了婚礼策划、婚纱摄影、婚纱礼服、婚宴四大核心产业情况，不含婚嫁旅游、珠宝消费等。

万人，占人像行业总就业人数的 35.6%。2017 年，中国人像摄影全行业同比
增长 18.2%，而婚纱摄影增长达 18.6%（见表 2-1），高出全行业增速 0.4 个
百分点，但却是全行业五大业态增速中的最后一名。2017 年，人像摄影行业
平均利润率 11.7%，婚纱摄影行业利润率 7.4%，低于全行业平均水平 4.3 个
百分点。从我国婚纱摄影行业市场增速来看，行业规模经历了高速发展期
后，近两年来增速逐步回落，行业接近饱和，行业整合在即。

表 2-1   2013~2017 年我国婚纱摄影行业规模和市场增速

年份	市场规模（亿元）	同比增长（%）
2013	669	—
2014	855	27.8
2015	1071	25.3
2016	1253	17.0
2017	1486	18.6

资料来源：根据中国产业信息网、国家统计局、中国人像摄影协会、艾瑞咨询等数据整理。

（二）行业进入优胜劣汰的调整期和优化配置的发展期

我国婚纱摄影行业发展已 30 余年，纵观婚纱摄影行业发展历史，大致
可分为三个主要阶段。

第一阶段：20 世纪 90 年代至 2000 年，处于生长期，是高利润暴利行
业。改革开放初期，中国台湾婚纱影楼进入内地市场，婚纱摄影开始萌芽。
这一时期，上海王开照相馆、北京中国照相馆等国内知名照相馆相继增设了
婚纱摄影服务项目。当时婚纱摄影仍然沿袭肖像照的模式，在化妆、服装、
背景上出现一些新变化、新元素。婚纱影楼真正起步是在 1990~1991 年，婚
纱摄影开始成为结婚用户的消费选择，到 1994 年我国婚纱影楼快速普及发
展。一方面婚纱影楼的高回报率吸引了大量投资者和从业者开设影楼，另一
方面婚纱摄影满足了国人生活水平提高后的消费心理和需求，也逐步培养了
中国人结婚前必拍婚纱照的消费习惯。这一时期是婚纱摄影发展的第一个黄
金发展期，婚纱摄影行业属于典型的卖方市场，整体的超高利润至今罕有行
业匹敌。

第二阶段：2000~2008 年是婚纱摄影行业发展的分水岭，迎来第一个整

合期。这一时期，很多婚纱影楼因没有准确的市场定位及后期市场预判，加之对自身综合市场能力、管理能力和行业利润的过高评估，造成了盲目扩张和无序发展，行业出现恶性竞争和不诚信竞争。2004年开始，婚纱摄影行业进入整合期，大批专业的婚纱摄影影楼占领市场，盈利模式和管理模式逐渐成熟。

值得关注的是，2000年以后数码摄影技术逐渐取代胶片，迅速得到大范围的普及，改变了过去只有大型影楼才有实力购买昂贵拍摄设备和后期加工设备的局面，催生了小型工作室的发展。尤其是电脑后期处理技术的发展，给整个行业带来了颠覆性的变化，技术门槛越来越低，技术标准越来越多元化，打破了传统影楼控制婚纱摄影市场的格局。

第三阶段：2008年以后，移动互联网时代下，婚纱摄影从暴利行业进入微利时期，婚纱摄影独立工作室和自由摄影师群体壮大，不断创新、丰富婚纱摄影的产品和服务方式，对传统婚纱影楼产生冲击。2008年以后，婚纱摄影行业发生三大变化：一是婚纱摄影的客群发生变化，"80后""90后"成为婚纱摄影消费的主力军，年轻的客群个性化、多元化和国际化的消费需求，倒逼婚纱摄影转型。二是行业形态正经历着变革，越来越多的婚纱独立工作室出现，自由摄影师群体不断壮大。三是婚纱摄影行业房租、人力成本、营销成本逐年增加，而客单价总体涨幅不大，造成婚纱摄影进入微利时代。

（三）结婚人口逐年整体下降，行业内竞争更加激烈，中部和西部地区三、四线城市成为新的增长点

2017年8月3日，民政部发布的《2016年社会服务发展统计公报》数据显示[①]：2017年我国结婚率为7.3%（见图2-2），各级民政部门和婚姻登记机构共依法办理结婚登记1059万对（见图2-3），同比下降7.3%。其中，2016年25~29岁办理结婚登记占结婚总人口比重最大，占38.2%。此外，根据国家统计局统计数据，1987~1996年，我国人口出生率下降了6.35个百分点（见图2-4）。按照近三年结婚人口数据减少的比例来看，2018年全国结

---

① 《2016年社会服务发展统计公报》，民政部网站，http://www.mca.gov.cn/article/sj/tjgb/201708/20170800005382.shtml。

婚人口将跌破 1000 万对。更为重要的是，根据我国出生人口数据和结婚年龄测算，未来我国结婚人口总体仍呈下降趋势。

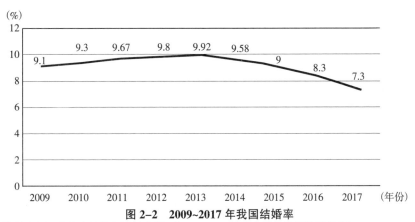

图 2-2　2009~2017 年我国结婚率

资料来源：中华人民共和国民政部：《2012~2017 年社会服务发展统计报告》，http://www.mca.gov.cn/article/sj/tjgb/。

图 2-3　2012~2017 年我国结婚数

资料来源：中华人民共和国民政部：《2012~2017 年社会服务发展统计报告》，http://www.mca.gov.cn/article/sj/tjgb/。

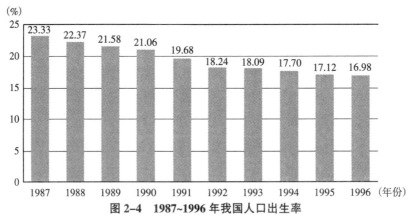

图 2-4　1987~1996 年我国人口出生率

资料来源：国家统计局：《中国统计年鉴》（1999），http://www.stats.gov.cn/yearbook/indexC.htm。

　　结婚人口的整体下降，再加之我国经济增长进入换挡期，婚纱摄影行业经过 30 年的高速增长，已处于低速增长和转型升级的重要时期。婚纱摄影市场竞争将从区域、产品类别上升为品牌之间的全方位竞争。强化和加快品牌建设成为婚纱摄影企业必由之路，没有品牌基础的中小婚纱摄影企业将面临淘汰，以品牌企业为核心的婚纱摄影集团将陆续出现。

　　从我国婚纱摄影行业区域发展来看，三、四线城市已成为婚纱摄影产业新的市场增长点。与一、二线城市相比，三、四线城市婚纱摄影产业具有巨大优势，主要表现为我国三、四线城市的人口数是一、二线城市的 6 倍左右，人口基数大，市场还远没有饱和。相对一、二线城市而言，三、四线城市婚纱摄影企业房租、人工成本、营销成本较低，利润空间依然很大。

（四）行业业态结构更加细分

　　婚纱摄影行业经过 30 年的发展，目前行业业态更加细分，产品更加丰富，大致分为传统婚纱摄影类、婚礼摄影类、结婚纪念照摄影类、旅游婚纱摄影类、私人定制婚纱摄影类五大类。

　　当前，传统婚纱摄影类仍然是婚纱摄影最主要的业态（占 53.9%，见图 2-5），但旅游婚纱摄影类和私人定制婚纱摄影类已经成为婚纱摄影行业新的增长点。在消费升级时代，消费者更注重消费体验，婚纱摄影的消费主体是"80 后""90 后"的年轻人，他们强调个性，追求独特的心理诉求。近 5 年来，"旅行拍摄""私人定制"风席卷了婚纱摄影行业，成为每个影楼和工作室的"标配"。大众点评结婚事业部数据显示，2017 年婚纱摄影消费者关于"旅行拍摄检索量"同比增长 14.91%，旅行拍摄目的地检索方面，国外目的地检索同比增长 41.94%。这表明用户需求趋向个性化，同时对品质要求越来越高，从本地化的需求延展到海外的需求。

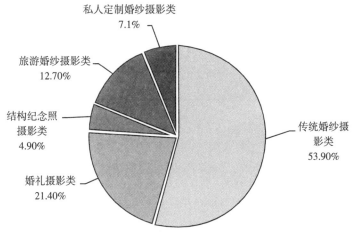

图 2-5　2017 年中国婚纱摄影业业态结构分类

（五）2017 年婚纱摄影年度关键词："90 后"成为结婚主流人群、客单价上涨、注重品牌与口碑、个性化

2017 年，"90 后"结婚群体人数首次超过"85 后"。相关机构发布的互联网结婚数据显示，2017 年互联网结婚活跃用户中，53% 的用户集中在 21~30 岁，32% 的用户集中在 31~40 岁（见图 2-6），其中用户男女比例约为 1：1.82，这表明婚纱摄影的核心用户仍主要集中在"85 后""90 后"，女性正成为结婚筹备和决策的主力军。

尽管人口红利消失，结婚人口降低，但因婚纱摄影行业客单价逐年增长，为婚纱摄影市场带来新的增量。据中国婚博会统计数据，两年前一、二线城市新人多选择 5000~6000 元的婚纱套系，2017 年客单价已经上升到8000 元左右。婚纱摄影行业客单价的增长将为婚礼市场带来新的增量。值得注意的是，婚纱摄影客单价的上涨并不在于商品本身的涨价，而在于服务价值的提升。

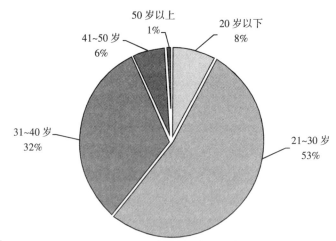

图 2-6　2016 年互联网结婚活跃用户年龄分布

追求质感与个性化影响着"90 后"的生活观、恋爱观和婚姻观，随着"90 后"成为结婚主流人群，结婚用户追求新颖、强调自我感觉的个性化需求也不断增强，品牌对消费者选择的影响越来越凸显。美团点评发布的《2016 结婚行业蓝皮书》显示，在用户搜索的数据中，品牌词和商户词的搜索量已经占到总搜索量的 49%，这说明用户受品牌影响越来越大，而美团点评 App 的分位置流量呈二八分布（前 20 名商户覆盖 75% 以上用户）也从侧面说明了这一点。

（六）地方陆续出台婚纱摄影行业规范和操作标准，促进婚纱摄影行业健康有序发展

为进一步推动婚纱摄影行业的健康可持续发展，地方政府陆续出台婚纱摄影行业规范，为婚纱摄影企业划定等级，加大对婚纱摄影行业的监管和扶持。

2016 年，海南省质量技术监督局发布《婚纱摄影企业质量等级的划分与评定》地方标准，这是全国第一个正式发布的婚纱摄影地方标准。作为推荐性标准，政府主管部门可根据这一标准，对婚纱摄影企业和婚纱拍摄从业人员服务行为进行日常管理和监督，这一标准成为规范海南婚纱摄影服务企业、婚纱拍摄从业人员服务质量的重要依据。

（七）个人工作室异军突起，传统影楼市场份额萎缩

2017 年，婚纱摄影行业经营主体最大的变化是个人工作室和自由摄影师崛起，占据大部分市场份额，传统影楼经营压力大。

与个人工作室相比，传统的婚纱影楼需要花费大量人力和物力打造内景、外景，购置服装。再加上影楼是程式化操作，灵活性和定制率低。而个人工作室接单量小，更注重客户体验和服务交流，可以最大程度地满足客户的个性化要求。此外，当前婚纱摄影个人工作室大部分从业者原来都是影楼摄影师，他们利用之前学到的摄影经验、流程服务、客户资源开始抢影楼的生意。

从行业数据报告来看，根据《2017 百度婚嫁行业报告》，2017 年有关结婚照工作室的检索量同比上涨 104.42%。根据百合网发布的《2017 婚礼状况调研报告》，近 10% 的新人已不再把拍婚纱照作为结婚的必备流程之一，约17% 的新人选择了旅行拍摄，有 20.6% 的新人选择个人工作室进行婚纱拍摄，26% 的新人选择网络体验下单，选择传统影楼的客户仅有 26.4%。

（八）跨界融合：婚纱摄影＋旅游，旅行拍摄成为婚纱摄影主要消费品类、旅行拍摄目的地经济发展重要增长点和旅游在线网站重要项目内容

旅游是发展经济、增加就业和满足人民日益增长的美好生活需要的有效手段。近年来，我国旅游经济快速增长，产业格局日趋完善，市场规模品质同步提升，旅游业已成为国民经济的战略性支柱产业。2018 年 3 月 22 日，国务院下发《关于促进全域旅游发展的指导意见》，标志着全域旅游正式上升为国家战略。

当前随着全域旅游政策的推行，婚纱摄影+旅游成为旅游新常态。随着"85 后"和"90 后"成为婚纱摄影的主要消费群体，旅行拍摄、摄影工作室成为当下婚纱摄影行业的新形态。2017 年，婚纱摄影行业年产值 1486 亿元，其中旅行拍摄业务年产值达 132 亿元，占婚纱摄影行业年产值的 8.9%，同比增长 24.53%。旅行拍摄业务在 2013~2017 年平均每年保持 28.13% 的增长率（见表 2-2），领跑婚纱摄影行业。在旅行拍摄费用方面，国内旅行拍摄价

格区间为 1 万~2 万元，国外为 3 万~5 万元。

表 2-2   2013~2017 年我国婚纱旅行拍摄产值

年份	市场规模（亿元）	同比增长（%）
2013	49	—
2014	64	30.61
2015	83	29.68
2016	106	27.71
2017	132	24.53

资料来源：根据 2013~2017 年《中国人像摄影行业发展报告》数据及行业会员企业调研数据测算。

在婚纱旅行拍摄产品中，近 60% 的产品分布在全球著名海岛目的地。其中，马尔代夫、巴厘岛、毛里求斯、普吉岛、沙巴、长滩岛、塞班、斐济、帕劳、塞舌尔是婚纱旅行拍摄十大热门海岛。基于海外旅行拍摄的良好发展态势，当前一些婚纱摄影企业开始布局海外摄影市场，已取得在国外从事商业摄影的资质，并建立海外摄影直营基地。

从国内旅行拍摄目的地来看，三亚、厦门、丽江、大理、大连成为国内热门自然风光婚纱拍摄目的地 Top5；北京、南京、上海、成都、苏州成为国内热门人文景观婚纱拍摄目的地 Top5。其中，三亚因拥有热带沿海资源、气候宜人，成为国内婚纱拍摄首选目的地。三亚市婚庆旅游行业协会数据显示，2017 年有 35 万对新人到三亚拍婚纱照，旅行拍摄已成为海南旅游的新业态，每年综合创收超过 20 亿元。

此外，婚纱旅行拍摄已成为旅游在线平台（OTA）的重要产品。例如，途牛旅游网设计的"马尔代夫婚纱旅行拍摄、巴厘岛婚纱旅行拍摄、巴黎婚纱旅行拍摄、悉尼婚纱旅行拍摄、三亚婚纱旅行拍摄、厦门婚纱旅行拍摄"等产品受到用户青睐。

面对多元化需求的婚纱旅行拍摄市场，婚纱摄影企业只有持续升级产品和服务，才能满足用户多样化的婚纱拍摄需求。

（九）婚纱摄影线上 OTO 综合性平台竞争激烈，新业态不断出现

婚纱摄影系婚庆产业的重要入口，当前 BAT 和大型投资机构均有布局，

竞争激烈。其中，腾讯系投资布局美团点评结婚，百度系投资布局糯米，阿里巴巴系投资布局婚伴和支付宝口碑，红杉资本投资到喜啦，百合网投资小两口婚博和婚礼大亨等。这些互联网企业都在试图争抢全国性婚嫁平台入口的份额。

总体而言，婚纱摄影 OTO 市场中，美团大众点评市场占有率第一，2013 年，大众点评正式成立结婚事业部，提供摄影、婚庆、礼服、婚宴、首饰等 13 个结婚上下游子行业的"一站式"服务。2016 年，美团与大众点评合并成立"美团点评结婚事业部"，获得腾讯等共同注资 33 亿美元，大众点评成为国内结婚垂直行业第一平台。同时，传统的线下平台和自营服务商家开始向线上线下"一站式"服务转型，如婚博会、婚礼商城、金夫人等正在加速构建线上线下交易。

2017 年是共享经济元年，共享单车、共享汽车、共享雨伞等共享产品层出不穷，改变和颠覆了许多传统行业。2017 年，婚纱摄影行业出现了一些婚纱摄影共享平台，通过共享摄影师和影楼的模式，为新人提供婚纱拍摄服务。它一端是婚纱用户，另一端连接着独立摄影师和影楼。共享平台开设固定套餐、私人定制、旅行拍摄三种主要业务。用户根据自身需求在线挑选摄影师和服务，进行组合下单，获得个性化的服务，而影楼可以降低获客成本，增加业务量，降低整体人工和运营成本。

（十）行业进入整合期，独角兽企业出现

当前，随着"互联网+"加速整合传统行业、小微和创新型企业上市门槛降低、投资资本布局消费服务业，婚纱摄影企业进入整合期。部分优质企业一方面提供价格透明、流程规范的服务，建立品牌；另一方面通过加盟连锁经营、直营、品牌授权等方式，突破婚纱摄影服务的地域性限制，向全国范围扩张和布局，区域性的独角兽企业出现。更为重要的是，婚纱摄影行业出现二八定律，20%的独角兽性企业占据所在地 80%以上的市场份额。

据虎嗅网研究，婚纱摄影企业成为独角兽企业主要有线上婚纱摄影 OTO 平台自上而下和线下传统婚纱摄影企业自下而上两种方式，最终两种方式殊

途同归（见图 2-7）。①

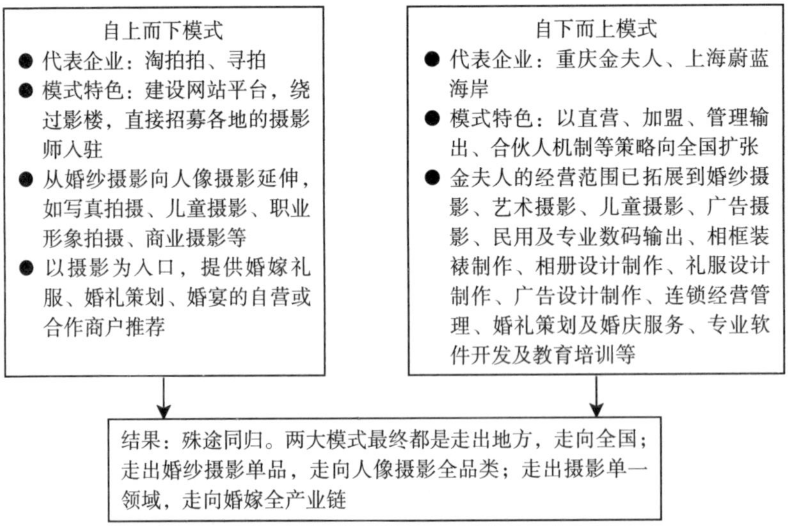

图 2-7 婚纱摄影独角兽企业的两种模式

二、婚纱摄影行业发展存在的问题

2016 年是婚纱摄影行业最动荡的一年，市场从高位下行。2017 年，婚纱摄影行业开始进入周期性的衰退，暴露出一些行业问题和弊端，亟须解决。具体表现为：传统影楼模式和工作室模式两大模式缺乏创新，低效竞争；婚纱摄影当前仍然处于高成本和低效率运营阶段；行业进入洗牌期，小微婚纱摄影企业和工作室营业额减少，加速倒闭；线上流量成本大幅度增加，获客成本高。

---

① 虎嗅网研究组 2016 年《中国婚嫁 O2O 行业分析报告》，https://www.huxiu.com/article/149325/1.html？f=index_top1。

(一) 传统影楼模式和工作室模式两大模式缺乏创新和有效竞争

在当前消费升级的时代，任何行业都面临着商业模式创新的困境。婚纱摄影行业主要商业模式为影楼模式和工作室模式。传统婚纱影楼模式发端于中国台湾影楼模式，经过 30 年的发展，原有的影楼模式已经由诞生之初的高效商业模式变成了一种效率低下的商业模式。婚纱摄影行业同质化的产品和服务、落后的商业模式，导致价格战成为唯一竞争工具，行业低水平价格竞争加剧。多年没有解决的虚假宣传、外购虚假样片、流程烦琐、流水线模板化生产、各服务环节二次消费和隐性消费、客片样片差别巨大、服务体验差等问题越来越凸显，使得消费者投诉量一直以来居高不下，行业诚信度和口碑欠佳。

2015 年，互联网婚纱摄影服务平台 Onlylover 曾发布婚纱摄影业内的第一份白皮书，调查数据显示：45.49% 的用户对照片拍摄环节不满意；28.57% 的用户最不能忍受有隐性消费；9.67% 的用户最不能忍受服务态度差；剩下的 13.5% 则是对服装、造型、场景、修片、产品的忧虑。更为重要的是，婚纱摄影行业存在的各种弊端，长期没有一个切实有效的解决、投诉渠道。

而个人工作室模式，本身脱胎于婚纱影楼，在经历了短暂的新鲜与繁荣后，同样出现了许多其固有的短板：虽然"一对一"服务透明消费的理念能够提供更加个性化的服务，但因为规模和实力的原因，硬件设施和服务流程是最大的缺陷；同时在品牌营销、经营、管理等方面存在诸多的障碍，难成主流。最为重要的瓶颈在于，工作室的商业模式与影楼并没有什么本质的不同。工作室往往由比较优秀的摄影师创办，并作为影楼变革者的形象出现，但往往当工作室发展到一定程度，又都会面临要不要走影楼模式的悖论。①

(二) 婚纱摄影当前仍然处于高成本和低效率运营阶段

新常态下，婚纱摄影业真正进入了存量竞争时代，市场萎缩、需求锐减，在激烈的竞争格局下，2017 年婚纱摄影企业和工作室的人力成本、房

---

① 龚辉健：《深度解析：O2O 如何改造千疮百孔的影像服务业？》，虎嗅网，http://test-www.huxiu.com/article/110008.html。

租、用户获取成本持续高涨。根据人像摄影学会和商务部典型企业调查统计数据，2017 年典型企业四项费用合计同比增长 9.8%（见表 2-3），其中行业平均工资同比增长 9.5%；营销费用增长 12.7%，房租增长 7.2%，管理和财务费用同比增长 6.3%，行业应交税金同比增长 8.6%。

表 2-3　2017 年婚纱摄影业典型企业基本情况统计

指标	同比增长（%）
总收入	18.6
企业总量	6.8
从业人员	4.9
平均利润	8.2
四项费用占营业额平均比重	9.8
营销费用占营业额比重	12.7

婚纱摄影不同于一般大众消费，需要经历一系列准备、调整、修改、制作、确认的流程性服务。以普通影楼为例，一款完整的婚纱摄影产品一般性流程为：订单咨询—签订合同—服装挑选—正式拍摄—选片及规划、重组—设计排版—产品确认—产品制作—提交客户—后续服务。超长的服务周期造成婚纱摄影成为典型的劳动密集型行业，婚纱摄影人员构成包括门店销售、选片销售、礼服销售、客服部、调度部、化妆师、化妆助理、摄影师、摄影助理等非常庞大的人员结构。更为严重的是，婚纱摄影企业人工成本年平均保持约 9.5% 的上涨，这将造成婚纱摄影企业持续的人工成本压力。

此外，随着区域优质房屋资源的竞争，房地产价格的大幅度上涨，使婚纱摄影企业租金成本明显提高。统计数据显示，2017 年婚纱摄影企业续约房租成本平均上涨约 15%。这对净利润率平均水平在 7.4% 的婚纱摄影行业而言，是极大的挑战。

（三）行业进入洗牌期，小微婚纱摄影企业和工作室营业额减少

婚纱摄影行业集中度低，企业数量多、规模小，整个婚纱摄影行业尚未有 A 股上市公司。婚纱摄影市场呈零散化的原因有：第一，本地化，重服

务，70%的婚纱摄影在拍摄者家庭所在地拍摄，重服务属性需要大量工作人员提供服务，为大规模扩张增加了难度。第二，产业链长，信息不透明，存在潜规则，难以融通。第三，企业规模不大，利润不足，存在恶性价格竞争和后期捆绑消费的不良现象，阻碍行业发展。第四，从业人员培训不到位，专业人员不足，难以支持大规模扩张的人员需求。

从婚纱摄影行业来看，婚纱摄影有明显的淡旺季，春秋季客户比冬夏季多，周末、节假日客户比工作日多。更为重要的是，婚纱摄影市场并不是一个增量市场而基本是一个存量市场，城市和乡村每年结婚人数都相对稳定。从行业发展现状来看，婚纱摄影行业准入门槛低，大企业少，小企业多，当前仍然处于同质化竞争和价格战阶段，行业平均利润低。根据商务部人像摄影行业典型企业统计数据，婚纱摄影行业平均利润率长期低于人像摄影行业平均利润。2017 年，人像摄影行业平均利润率为 11.7%，但婚纱摄影平均利润率仅为 7.4%，低于人像摄影行业平均利润 4.3 个百分点（见表 2-4）。

表 2-4　2012~2017 年我国婚纱摄影行业主要企业经营情况

年份	2012	2013	2014	2015	2016	2017
婚纱摄影平均利润率（%）	12.0	9.0	8.0	7.2	8.2	7.4
人像摄影行业平均利润率（%）	12.8	10.8	9.06	9.0	11.3	11.7

资料来源：根据 2012~2017 年《中国人像摄影行业发展报告》数据整理。

从大的行业发展趋势看，在没有新的商业模式出现前，婚纱摄影行业平均利润将持续走低，这将造成大量的小微婚纱摄影企业和工作室加速倒闭。2017 年，婚纱摄影从业商家数减少了 12.5%，80%的商家同比营业额减少20%。其中，2017 年北京、上海、广州、深圳等一线城市以及厦门、青岛、三亚等国内热门婚纱摄影城市，倒闭的影楼和工作室数量是 2016 年的 1.3 倍。

（四）线上流量成本大幅度增加，获客成本高

"客从何处来"是婚纱摄影行业从业者面临的最迫切的问题。摄影行业是一个典型的低频高单价复杂决策型的生活服务类行业，而且淡旺季市场需求波动极大，服务链条又特别长。更为重要的是，商家每次面对的都是新用户，因而获客成本越来越高。

当前婚纱摄影企业获客主要渠道有门店、传统媒介和展会（杂志、报纸、电视、婚博会等）、线上合作平台（美团点评、百度、婚礼纪、到喜啦、企业自建网站、微博微信等）、口碑和熟人推荐（见表 2-5）。2012 年，随着互联网团购的火爆，婚纱摄影成为团购网站获取销售额的重要手段，给婚纱摄影企业带来更多的客源。但由于一些团购网站把关不严格，很多婚纱摄影团购产品存在大量隐性消费，客户投诉率高，造成婚纱摄影团购率回落。2012 年后，随着 3G 和 4G 网络的普及，婚纱摄影获客的渠道环境改变，用户从 PC 向移动互联网迁移，大量手机 App 将用户的注意力切割得更加碎片化，原本依赖百度、美团、大众点评等平台大量引流的方式失灵，商户缺乏新媒体推广经验和渠道议价权，获取客户咨询的成本越来越高。

表 2-5　婚纱摄影企业获客渠道

单位：%

年份	2012	2013	2014	2015	2016	2017
门店	27	29	26	25	23	21
传统媒介和展会	23	27	25	21	18	17
线上合作平台	46	38	42	43	46	47
口碑和熟人推荐	4	6	7	11	13	15

2017 年，随着移动互联网和新媒体的崛起，线上经营的红利期已过，流量和用户获取的成本逐渐增长，线上成交的流量成本大增。调研数据显示，当前一、二线城市婚纱影楼和工作室平均须花费 200 元获得一个有效咨询（电话或者网络），1500 元获得一单有效成交。高额的营销成本造成婚纱摄影企业通过增加隐性二次消费转嫁成本，导致客户投诉不断。

值得关注的是，2017 年品牌婚纱摄影企业和工作室订单中来自口碑和熟人推荐的获客占比持续增长，达到 15%，这凸显了品牌的价值。

三、婚纱摄影行业发展趋势预测

婚纱摄影行业作为人像摄影行业的重要组成部分，已有30余年的发展历史，未来行业发展将呈现以下趋势：婚纱摄影进入壁垒提高，未来婚纱摄影企业之间的竞争是一种资源整合与优化的竞争；互联网金融+婚纱摄影新业态将快速发展；婚礼纪实摄影市场发展突飞猛进，自由摄影师价值显现；关注服务体验，消费透明化，按效果付费；互联网加快婚纱摄影商业模式创新。

（一）婚纱摄影进入壁垒提高，未来婚纱摄影企业之间的竞争是一种资源整合与优化的竞争

获客成本高、低频、非标、人才匮乏，是婚嫁行业共同面临的问题。高昂的获客成本提高了婚纱摄影行业的进入壁垒，与此同时，缺乏竞争优势的商家将逐步淡出市场。

在重资本、重运营、重精力投入的婚纱摄影行业，未来婚纱摄影企业之间的竞争将不仅仅是拍摄实力、场景选择和后期技术的竞争。未来的竞争将演变为服务流程的竞争和资源整合与优化的竞争，具体表现为头部获客渠道和获客能力、运营和管理能力的匹配（成本控制力及执行力）、产品研发能力及更新迭代速度。

未来的婚纱摄影企业在寻找客源—前期化妆—摄选景—现场拍摄—后期处理—照片输出—售后服务这一套服务流程标准化的竞争中，谁能更好地衔接各个流程，降低各个流程之间的成本，形成自己的生存链，谁就能更好地生存下去。

（二）互联网金融+婚纱摄影新业态将快速发展

2017年是互联网金融快速发展的一年，消费贷是互联网金融公司最钟爱的消费项目，消费分期已成为零售业、服务业发展的重要金融工具。

当前"85 后"和"90 后"对分期付款消费十分钟爱，对于婚纱摄影行业而言，婚纱摄影分期付款可以综合提升客单价。事实上，2015 年前后，婚纱摄影行业曾出现过一批互联网金融公司，专门为用户提供婚纱摄影金融服务。但由于当时整个信用机制尚未健全，再加之部分不良商家与用户一同骗取资金，造成互联网金融公司不良贷款增加，亏损严重。随着整个行业大数据和社会信用机制的建立，互联网婚纱摄影金融将迎来一个新时期。

（三）婚礼纪实摄影市场发展突飞猛进，自由摄影师价值显现

在婚纱摄影行业疲态尽显的同时，婚礼纪实摄影这一最新的细分影像服务类别从 2008 年起开始急速发展壮大。婚礼纪实摄影客单价从早期拍摄一场婚礼几百元增加到国内顶级摄影师 3 万元一场的价格，10 年时间行业价格呈现爆发式增长，而且需求越来越强劲。

除了市场在发展，行业生态也在迅速形成。部分顶级摄影师已经开始利用自己的影响力布局培训、餐饮娱乐、器材定制、影像衍生品等产业。行业中各类 Workshop、线上社区、作品分享会、行业沙龙、培训会、大师论坛等层出不穷。尼康、佳能等顶级摄影器材品牌已经开始签约婚礼摄影师代言，大量赞助行业活动。这些明星级摄影师的出现和存在吸引了越来越多兼职和全职摄影师投身于自由摄影师行列。①

（四）关注服务体验，消费透明化，按效果付费

随着宏观人口结构的调整，个性化、多元化、全球化已成为婚纱摄影行业消费升级的新趋势，开始倒逼整个婚纱摄影行业转变服务理念。当前"90 后"用户已经成为婚纱摄影行业绝对用户，总体来看"90 后"的消费需求可概括为三点：一是趋向个性化，对品质要求更高，愿意为服务买单。二是需求扩大，从本地化的需求延展到海外的需求。三是倾向于"一站式"服务，省去多次往返婚纱影楼和工作室的麻烦。

年轻人更愿意为产品品质和服务买单，是消费逻辑和消费底层思维的改

---

① 龚辉健：《移动互联网 O2O 时代影像服务业的概念、现状、趋势和未来》，http://36kr.com/p/219859.html。

变。为适应这一用户结构和需求变化，2017 年婚纱摄影企业和工作室已经开始提供个性化、定制化的解决方案。在可预见的未来，婚纱摄影企业和工作室将提供更多高质量和高服务的产品，以满足顾客消费需求。

在提升消费体验的过程中，未来先拍照后付费将成为婚纱摄影行业的趋势。在传统影楼拍摄婚纱照，必须在拍摄前付清全款，用户交钱后处于弱势地位，万一拍得不好，维权困难。另外，传统影楼存在许多隐性和二次消费，各种消费陷阱防不胜防。

当前婚纱摄影行业已有一些互联网婚纱摄影平台，借助互联网平台担保，先拍照后付款，不满意重拍，一直到满意为止。摄影团队、礼服、景点、婚件价格全透明，消费者可以自由组合搭配。

（五）互联网加快婚纱摄影商业模式创新

未来，互联网将通过整合婚纱摄影线上和线下资源，培养婚纱摄影企业"平台思维"，对婚纱摄影行业商业模式进行创新。具体表现为：

盈利模式创新方面，在行业平均利润率持续走低的情况下，做强主营业务，整合婚纱摄影上下游产业链，是婚纱摄影行业做强做大的唯一路径。婚纱摄影行业产业链拓展路径可分为横纵两个方向：一是横向的全品类扩张，从婚纱摄影扩展到儿童、写真等全品类摄影。二是纵向的全产业链拓展，如策划＋婚宴、婚礼＋蜜月＋旅行拍摄、婚礼＋文创产业，以及产业上下游的投资布局。

运营模式创新方面，逐渐减少影楼接单门店，建立全国修片、后期产品工厂；线上标准化产品模式、线下标准化服务流程；摄影师、化妆师等手艺人平台化运营，建立奖金机制。

推广模式创新方面，改变传统影楼严重依赖 SEM 搜索引擎推广成本，社会化营销降低获客成本，采用互联网思维先体验后下单。培养粉丝文化，扩大口碑效应，用品牌实现用户召集和利润的高溢价。

"线上＋线下"的婚纱摄影流程创新方面，具体为：互联网平台/App 下单—支付定金—预约档期—线上选景—专车接送—进店拍摄—线上选片—支付尾款—制作相册—送货上门。互联网对婚纱摄影流程创新的最大优势在于，将婚纱摄影传统的纯线下人工服务改造为全流程网络化云端化半自助服务，做到服务全程可追踪、可反馈，降低运营成本，提升服务效率和沟通效果，实现更多的个性化定制功能。

四、婚纱摄影行业健康发展的对策

正如上文所述，婚纱摄影行业正处于转型升级的关键阶段，机遇与挑战并存。当前亟须制定新的发展策略，以新理念、新思路打造优质高效、充满活力、竞争力强的婚纱摄影行业。

（一）加大婚纱摄影行业政策扶持

政府层面，各级政府应该提高对婚纱摄影行业的认识，充分认识到婚纱摄影行业作为服务业重要组成部分，对发展地方经济、创造就业岗位、提升人民生活幸福感等方面的重要性和积极作用；将婚纱摄影行业统计数据纳入国民经济统计体系，积极推进婚纱摄影行业专项调查、重点企业监测以及名录库建设等各项工作，为婚纱摄影行业进一步发展提供有力的数据支撑；进一步落实和完善关于促进服务业发展的财税和土地扶持政策。

（二）充分发挥行业组织的桥梁和监管作用

行业组织是工商业界中企业之间成员互益性联合组织，其作为企业与政府之间的第三部门，在承接政府职能、协调政企关系、促进社会发展方面有重要作用。中国人像摄影学会婚纱摄影专业委员会和各省市婚纱摄影行业协会是婚纱摄影行业专业行业组织，在婚纱摄影行业转型升级过程中的作用不容忽视。

首先，应当发挥行业的桥梁纽带作用。积极维护会员合法权益，组织婚纱摄影行业内部在摄影理论研究、企业经营管理、摄影作品展览、摄影人才培养等方面的交流合作；组织开展婚纱摄影行业调研，向政府有关部门反映行业的现状和问题，请求给予政策支持。其次，发挥中国人像摄影学会婚纱摄影专业委员会和各省市婚纱摄影行业协会行业监管作用。针对婚纱摄影行业部分企业长期存在的不正当竞争和不诚信经营行为，推动婚纱摄影行业企业信用监管建设，规范行业秩序。参与国家社会信用体系建设，推动建立婚纱摄影"诚信自律同盟"，制定以诚信守法经营为核心内容的行规行约，建立企业诚信档案，公开企业信用信息，最终构建"企业守法、行业自律、社会监督、政府监管"的婚纱摄影行业信用监管体系。

（三）以创新驱动婚纱摄影行业转型升级

从国际、国内环境看，新一轮科技革命和产业变革逐渐兴起，一系列新技术、新业态、新商业模式正在涌现。在经济新常态下，婚纱摄影行业必须转型升级。婚纱摄影行业转型升级是指从产业价值链的中低端向中高端的上升过程，是产业竞争力全面提升的关键。婚纱摄影行业转型升级必须紧紧依靠产品和品牌创新、人才培养创新、内部管理创新和营销创新。

专业化和品牌化是婚纱摄影行业发展的必然趋势。创新婚纱摄影产品类型，按照细分领域，寻找垂直领域核心产品；加大新产品研发投入力度，开发具有市场竞争力的高端产品；加快婚纱摄影行业品牌建设，引导企业树立品牌意识；加大婚纱摄影行业知识产权保护，培育一批婚纱摄影行业知名品牌企业，通过企业品牌获取更高的市场占有率，实现品牌高溢价。

整合高等院校、教育机构、婚纱摄影企业和行业组织资源，把婚纱摄影精英教育与职业教育相结合，建立完善的产学研相结合的人才培养体系。采取联合培养、委托培养、引进等方式，培养一批既懂经营管理又懂摄影业务的高层次复合型管理人才、营销人才、技术人才，组成结构合理的高水平婚纱摄影专业人才队伍。

与其他行业相比，婚纱摄影行业中小企业占主导，由于企业治理结构不健全，对外财务信息披露不规范，再加上经营时间短，信誉积累不足，缺乏品牌效应等，造成婚纱摄影中小企业长期发展乏力，融资困难。基于此，应引导婚纱摄影中小型企业创新建立现代企业制度，加强企业内部治理和财务信息披露，鼓励婚纱摄影行业独角兽企业借助资本市场，做强做大，发挥规模经济效益。

针对婚纱摄影行业获客渠道高度依赖互联网、成本较高的行业发展现状，建立以用户为中心，以口碑营销、公共关系营销、自媒体营销为主体的多层次营销体系。

（四）调整行业发展格局，差异化发展

我国幅员辽阔、人口众多、各区域间经济发展不平衡，长期以来我国婚纱摄影行业发展格局表现为东南沿海的一、二线城市占据婚纱摄影行业最大的市场份额，吸引了行业最优秀的企业和人才，而中西部的三、四线城市乃至广大农村婚纱摄影空白市场仍较大，人们对于婚纱摄影的需求尚未得到满足。

前文已述，当前东南沿海一、二线城市婚纱摄影行业竞争激烈，而三、四线城市和中西部地区已成为婚纱摄影新的增长点。面对这种行业发展现状，婚纱摄影行业应该差异化发展，积极引导行业企业向具有市场优势、人工及房租成本优势的三、四线城市和农村婚纱摄影市场以及中西部地区转移。在为这些地区提供更多的摄影服务、满足人们摄影需求的同时，为企业赢得新的市场。

（五）树立全球化发展战略，积极培育婚纱摄影跨国公司

随着国内婚纱摄影市场需求趋于饱和，竞争异常激烈，再加上消费者需求趋向个性化、多元化和国际化，开拓婚纱摄影国际市场是婚纱摄影优质的独角兽企业发展的必然选择。

鼓励我国婚纱摄影独角兽企业在"走出去"和推进国际合作的过程中，利用好我国的市场优势、资金优势、文化优势，通过与发达国家婚纱摄影机构合作或兼并收购等方式，在海外建立婚纱摄影基地和分支机构，取得海外婚纱摄影资质。依托国外的旅行拍摄资源、先进技术、品牌优势等扩大我国婚纱摄影企业的国际市场空间，培育一批国际性婚纱摄影集团，提升我国婚纱摄影行业的全球影响力和竞争力。

第二章
婚纱摄影行业发展市场概况

　　婚纱摄影行业的发展共分为三个阶段：一是传统结婚照时代，这种婚纱照是两个人并排拍一张身着婚纱的照片，那时拍摄所用的都是胶卷，为了不浪费原材料，一般都是一次定型，因此，拍出来的照片比较死板。二是数码婚纱照时代，一般分为室内照和室外照，室内照一般以背景图画的变化来拍摄，室外照则是拍一些身边的风景，拍出来的照片千篇一律，大部分人的照片背景几乎都一样。三是电影婚纱照时代，这是现代所采用的拍摄技术，不但对技术有所要求，对妆容的要求也比较高，拍摄时需要摄影室或设计人员充当"导演"角色，把两个人的爱情故事拍摄成电影的形式，具有灵动性。就目前而言，婚纱摄影行业正处于数码婚纱照和电影婚纱照并存的时期。中国目前的婚庆市场，外资企业所占份额一直较小，而占90%以上份额的是婚纱影楼。受讲究个性，排斥统一的景色、统一的姿势、统一的妆容组成的"80后""90后"结婚大军的影响，个性工作室也异军突起，全新演绎婚纱摄影新概念，并争得了一席之地。据了解，大型影楼目前虽然遭遇到了较大的发展瓶颈，但这类企业仍然占据市场的主流。

一、婚纱摄影行业企业数量

　　人像摄影行业主要分为婚纱摄影、儿童摄影、综合摄影三大类。

　　2012年，全国人像摄影行业法人企业9.5万家，其中综合摄影企业为4.25万家，占行业企业总数的44.74%；婚纱摄影企业4.06万家，占比为

42.76%；儿童摄影企业 1.19 万家，占比为 12.5%。

2013 年，全国人像摄影行业法人企业 10.14 万家，同比增长 6.7%；综合摄影企业数量同比增长 3.5%，婚纱摄影企业数量同比增长 8.4%，儿童摄影企业数量同比增长 20%。

2014 年，行业企业总量为 38 万家，同比增长 8.6%。人像摄影行业三大类结构占比为：婚纱摄影 38.5%，儿童摄影 21.5%，综合摄影 40.0%。

2015 年，人像摄影行业经营单位 40.4 万家，同比增长 6.4%；人像摄影行业婚纱摄影、儿童摄影、综合摄影占比分别为 35.3%、22.7%、42.0%。

2016 年，行业经营单位 41.6 万家，同比增长 3%；婚纱摄影类占比为 34.8%。

2017 年，行业经营单位 43.6 万家，同比增长 3.5%；婚纱摄影类占比约为 33%。

二、婚纱摄影行业从业人数

2017 年中国人像摄影行业全口径收入约达 3745.4 亿元，其中婚纱摄影实现年产值达 1486 亿元，营业收入占比 39.68%。2017 年婚纱摄影企业总数已达 14.39 万家，约占人像摄影行业企业总量的 33%；从业人员 216.93 万人，占人像摄影行业总就业人数的 35.6%。

三、婚纱摄影行业总销售收入分析

根据中国人像摄影学会测算，2012 年全行业法人企业为 35 万家，从业人员约 550 万人，年营业收入 1650 亿元。全行业平均主营业务利润率为 31.6%，婚纱摄影的主营业务平均利润率为 32%；行业平均利润率为 12.8%，婚纱摄影行业平均利润率为 12%；行业的利润总额同比下降 11.27%，婚纱摄影同比下降 21.44%。

2013 年，全行业法人企业为 35 万家，从业人员约 560 万人，年营业收入 2160 亿元以上。2013 年全行业企业营业收入同比增长 24%，其中婚纱摄影企业营业收入同比增长 0.5%。

2014 年人像摄影行业市场全年实现总产值 2465 亿元，比上年同期增长 14.1%，与 2013 年增长率 26.4% 相比，增速放缓 12.3 个百分点，但仍高于 GDP 7.4% 的增速。2014 年，行业平均利润率为 9%，同比下降 1.8 个百分点，其中婚纱摄影平均利润率约为 8%，下降 1 个百分点。

2015 年，全行业总收入 2706 亿元，同比增长 9.8%。2015 年，行业平均利润率为 9.0%，同比下降 0.06 个百分点，其中婚纱摄影平均利润率约为 7.2%，同比下降 0.8 个百分点。

2016 年人像摄影行业整体规模持续扩大，业态结构趋于合理，营业总收入达 3169 亿元，经营单位达 42 万家，行业总体盈利状况有所改善，盈利能力不断提升。2016 年，行业平均利润率为 11.3%，同比上升 2.3%，其中婚纱摄影平均利润率约为 8.2%，同比上升 1%，行业新增长点不断涌现，多元发展速度加快。

2017 年人像摄影产业结构不断优化，经营管理水平提高，附加值显著提高。2017 年中国人像摄影行业全口径收入约 3745.4 亿元，其中婚纱摄影实现年产值达 1486 亿元，营业收入占比 39.68%。2017 年婚纱摄影企业总数已达 14.39 万家，占人像摄影行业企业总量的 33%；从业人员 216.93 万人，占人像摄影行业总就业人数的 35.6%。2017 年中国人像摄影全行业同比增长 18.2%，而婚纱摄影增长达 18.6%，高出全行业增速 0.4 个百分点。2017 年人像摄影行业平均利润率为 11.7%，婚纱摄影行业利润率为 7.4%，低于行业平均水平 4.3 个百分点。

第三章
婚纱摄影行业发展商业模式

一、婚纱影楼新生态

随着婚纱摄影行业日益走向成熟，消费者消费需求转型升级，婚纱摄影市场和业态分工越来越细，加之大众市场竞争日益激烈，普通影楼利润空间严重缩水，各大传统影楼不再面面俱到，不再一味追求大而全，许多影楼开始细分市场，将"非婚纱业务"从婚纱影楼剥离。通过细分行业业态，加快产业链条延展，推动行业经营项目整合、经营模式创新，培养新型业态，保持整体规模持续扩大和科学联动发展。

一些规模大、资金充足的影楼开始开辟"副品牌"，向高端婚摄、全球旅行拍摄、个性化产品定制、礼服定制馆、化妆摄影培训、儿童摄影、时尚写真等方向发展，从而寻求新的盈利点来增加收入。

二、婚纱摄影 O2O 模式

O2O 即 Online To Offline，是指将线下的商务机会与互联网结合，让互联网成为线下交易的前台，这个概念最早来源于美国。O2O 的优势在于将网上和网下的优势完美结合，通过网购导购机，把互联网与地面店完美对接，实现互联网落地。让消费者在享受线上优惠价格的同时，又可享受线下体验和贴身的服务。同时，O2O 模式还可实现不同商家的联盟。在全行业 O2O 化的大背景下，影像服务业也发生重大变革，品牌大规模整合，平台不断出现。而 O2O 化必要的前提是：①用移动互联网去中心化；②建立专业开放的生态；③建立信任机制系统；④深入整合线上线下资源。

在婚纱照拍摄旺季，婚纱摄影通常都是流水线式作业，"一对多"的服务现象较为常见，甚至还会出现"摄影师不够助理凑"的现象。在移动互联网时代，要用互联网来解放摄影师从而改造传统婚纱摄影行业，可以考虑通过 O2O 来改造传统婚纱摄影行业：首先，让摄影师与用户直接沟通，通过评价反馈，积累口碑，打造摄影师品牌；其次，去除中间环节，去门店化经营，降低成本，实现真正的高性价比，重构良性循环发展之路；最后，建立互联网 O2O 平台，由第三方监管，线下体验店统一把控服务时间、服装、出行等具体服务水平水准，并给予用户权益保障。婚纱摄影行业的业务流程的复杂性较高，传统婚纱摄影企业想要切入婚庆 O2O 市场需要一个艰难的线上认知的过程，而新型互联网团队的跨入同时也需要一个对线下认知的过程。

目前行业内婚纱摄影 O2O 创业企业除 OnlyLover 以外，还有婚蜜网、婚趣网、淘拍拍、婚伴等。相信未来还会不断有新型模式出现，O2O 能解决婚纱摄影行业目前所出现的问题，为顾客打造良好的服务环境。

三、婚纱摄影互联网连锁经营

互联网商业模式是指以互联网为媒介，整合传统商业类型，连接各种商业渠道，具有高创新、高价值、高盈利、高风险特征的全新商业运作和组织构架模式，包括传统的移动互联网商业模式和新型互联网商业模式。随着经济的快速发展、互联网的兴起，网络体验消费成为互联网经济发展的产物。很多婚纱摄影影楼不但在百度及其他网站上大量推广信息，而且纷纷开设自己的线上网店、官方微博、微信公众号等，这也为影楼、工作室带来了更多的机会。

　　摄影行业利用互联网的优势，激发摄影行业典型用户的需求，真正突破主流市场的需求，打造出一个真正符合现代摄影行业客群需求的平台。首先，开设自己的线上平台，能够与线下更好地结合，为婚纱摄影影楼、工作室带来更多的收入。尤其是借助微博、微信，很多影楼都培养了大量忠实的粉丝，这些粉丝都将是它们潜在的客户。其次，对于很多线下影楼，尤其是那些连锁经营的影楼来说，线上平台的建立能够使用户对于影楼有一个更全面的认识和了解，打通线上与线下闭环，对于品牌宣传有着非常重要的意义。最后，微博、微信公众平台有一个共同的特性就是社交，传统影楼能够与自己的客户进行很好的互动，并随时了解他们新的需求、意见反馈等，这样自己就能够更好地为客户服务。

　　互联网与摄影行业的结合将会对原来单一的传统线下摄影行业产生颠覆性的影响，同时它也将带来更多的机会。而对于整个摄影行业来说，信息会越来越透明化，服务质量也将得到大幅提升。

四、婚纱摄影大数据平台运营

　　大数据营销是指通过互联网采集大量的行为数据，帮助企业找出目标受众，以此对投放的内容、时间、形式等进行预判与调配，并最终完成营销过程。随着数字生活空间的普及，全球的信息总量正呈现爆炸式增长。基于这个趋势，大数据、云计算等新概念和新范式广泛兴起，正引领着新一轮的互联网风潮。

　　1. 多平台化数据采集

　　大数据的数据来源通常是多样化的，多平台化的数据采集能使对网民行为的刻画更加全面而准确。多平台包含互联网、移动互联网、广电网、智能电视，未来还有户外智能屏等，一是强调数据时效性；二是在网络时代，网民的消费行为和购买方式极易在短时间内发生变化。在网民需求点最高时及时进行营销非常重要。

2. 个性化营销

在网络时代，营销理念已从"媒体导向"向"受众导向"转变。以往的营销活动须以媒体为导向，选择知名度高、浏览量大的媒体进行投放，如今是以受众为导向进行广告营销，因为大数据技术可让他们知晓目标受众身处何方，关注着什么位置的什么屏幕。大数据技术可以做到当不同用户关注同一媒体的相同界面时，广告内容有所不同，大数据营销实现了对网民的个性化营销。

网络营销已成为婚纱摄影行业常见的营销方式，许多商家都在这一块加大投入。任何网络销售的开展，都离不开自身建设、流量引进和订单转化三个方面。第一，内容品质的提升，网销和其他官方平台的开拓完善。具体包括网站的美观度、可观看性，各个版面之间相互引导和内链，相关内容引导，以及软文编排等。内容品质的提升是基石，是网销成功的第一步。第二，询问量的提升。询问量的多少，决定了订单量的数额。第三，转化率的提升。所谓转化率，就是到店成交率和网络转介率。这个包括网上新客户的挖掘和老客户的转介绍。转化率是成交最为关键的一步。

3. 口碑类型网站评论

主要是指官方客片评价心得、大众点评网的用户评价等，评价心得分享内容是提升旅游外拍摄影后续消费和客单转化的非常重要的步骤。有的负面评论，也是检验自身品质和提升服务很重要的渠道。①官方网站的优化排名（自然流量）。当输入网站关键词，如婚纱摄影进入百度首页，甚至排名前三位的时候，自然的流量就非常可观。如此搜索引擎优化就显得非常重要。②其他官方渠道或者店铺的排名。较为明显的有垂直行业的门户网站，比如Web114等地方上稍有影响力的论坛，比如厦门小鱼网等全国几大门户网站的店铺或者博客，比如新浪、腾讯等官方微博、微信的渠道，结合搜索引擎的规律和热点话题的炒作，让自己的作品得到最大程度的曝光，以获得较大的流量，还有淘宝等电商网站类的合作和团购网站的品牌合作等。

4. 付费渠道的拓展

（1）最为典型的即是百度付费推广，这是大多数旅游外拍公司采取的及时有效的措施。付费金额50元起，最高不限，还可以深度合作百度品牌推广，所需金额较大。

（2）与垂直门户网站、地方性论坛的合作，前者适合全国合作，长久投放；后者适合短期投放，需要话题炒作。

（3）微博、微信等方面的付费推广。

（4）网络分销商的开拓，这种渠道并不是大多数摄影机构能够摆在台面上的，但是深度操作能够获得非常好的效果，尤其在淘宝和微信端能够取得预想不到的效果。

5. 其他结合线下的推广和网上的异业合作方案

比如与当地旅游景点、酒店等行业的合作，同时可以拓展网上的合作互推。较为多见的影楼摄影网络推广方法包括：①即时通信类的营销（QQ、TQ、53 客服等）。②企业官方网站的推广。③官方微博的运营推广。④官方微信的运营推广。⑤博客类型的推广，做好公关形象，重点推荐到首页话题。⑥论坛推广。⑦全国性的分类信息网站，如 58 同城、赶集网站等，分地区和城市重点推广。⑧问答型的推广，较为明显有效的有百度问答、新浪问答和腾讯搜搜。⑨搜索引擎的收录。⑩口碑式网站的维护推广，比如点评网、114 等。⑪视频推广，当然不仅包括优酷、土豆、腾讯视频等，还有最新热门的微视，分享效果非常好。⑫软文发布、图文推广，包括 gif 图片和美图 LOGO。⑬病毒式营销、名人效应、水军炒作，在微博上较为多用。⑭基于数据库方面的推广。

第四章
婚纱摄影行业发展创意融合

一、婚纱摄影 5D 新媒体

5D 就是在 4D 的基础上，通过独具特色的景观装饰、先进的计算机软件技术和三维图形图像动画技术，实现现场观众与虚拟角色的实时互动媒体。让观众从听觉、视觉、嗅觉、触觉及动感五个方面来体验身临其境的效果。比如当观众在看立体电影时，随着影视内容的变化可实时感受到风暴、雷电、下雨、撞击、喷洒水雾等身边所发生的与立体影像对应的事件，座椅也会随之摇晃摆动。

5D 主题的婚纱摄影影楼和市面上大多数影楼不同的地方在于，不用传统单一的平面背景，而是各种豪华实景。外景基地规模通常像一个电影基地＋游乐园。比如有的 5D 电影棚空灵、神秘、新鲜，360 度环绕 5D 拍摄实景，置身其中仿佛在爱丽丝仙境一样，配合超级逼真的视觉、声感、触感、嗅觉，让人仿佛身处魔法世界。

二、婚纱摄影蜜月旅行拍摄

蜜月旅行拍摄是近几年兴起的热门风潮，受到了许多"80后""90后"

准新人们的喜爱，既能旅行又能拍婚纱照，是一件很有意义的事情。旅行拍摄婚纱照的价格相比于一般本地拍婚纱照的价格较高，但是能节省蜜月的花费，新人在拍照之前，计划好自己的预算，对在不同的地方、运用不同的拍摄方式等进行合理安排。

蜜月旅行拍摄的季节选择很重要，需要提前了解当地的季节和天气情况，然后根据当地的景点状况，选择合理的季节，找到最美的风景，拍出理想的婚纱摄影效果。旅行拍摄行程时间安排以及与影楼的各项事宜沟通，也是非常必要的。

旅行拍摄主题构思：故事主轴可以以两人的爱情故事作为开端，延伸到回忆里的美好片段，如两人的第一次约会、第一次旅行，最想造访的国家、养育的宠物、难忘的求婚等，两人最喜欢的美食、饮品、音乐、电影、表演、偶像明星、季节、运动、活动、景点、收藏、共同爱好等，抑或是与职业、才艺相关的主题设定，都是每个故事的与众不同之处。路线规划：国内路线可选择三亚、北戴河、厦门、丽江、海南或其他风景名胜等，国外路线的选择则有日本、关岛、巴厘岛、普吉岛、欧洲……旅行的意义在于放松，记录美好，在不同的地方记录甜蜜的爱情。

旅行拍摄婚纱照越来越成为一种流行趋势，特别是对于当下的年轻人来说，生活不止有眼前的苟且，还有诗和远方，大家都向往一场说走就走的旅行，也向往一套别具特色的旅行拍摄婚纱照。目前全球 100 个流行的旅行拍摄地包括厦门、三亚、丽江、大理、青岛、大连、桂林、深圳、香港、香格里拉、杭州、普吉岛、巴厘岛、巴黎、普罗旺斯、罗马、威尼斯、布拉格、伦敦、瑞士、冰岛、马尔代夫、日本、希腊、苏格兰等全球各地的国家和城市。

三、婚纱摄影个人定制

"90 后"已经是拍婚纱照的主力了，他们对个性化的要求更高，不愿意在影楼千篇一律的布景前，或者在城市里常见的几个景点前拍婚纱照。个人定制婚纱照样片都不再是白婚纱、黑西装的标准搭配，反而更像是时尚杂志上的街拍。手上的捧花换成了咖啡，休闲的花色长裙更符合海滩的氛围，就连新人的姿势也从拥抱、牵手，变得更加自然。无人机、VR、直播等新的技术手段加入其中，更凸显"私人定制"。独特的市场定位和时尚个性的婚纱摄影对新新人类有着强大的吸引力，市场前景相当可观。目前，白领一族的个性化需求越来越成为一种时尚。因此，个性定制化婚纱摄影逐渐成为这个领域全新的投资方向，得到普通投资者的青睐。

携程定制旅行平台联合中国出境游研究所（COTRI）共同发布了业内首份《中国人欧洲定制游报告》。报告显示，2017 年中国居民旅游呈现深度化、个性化趋势，欧洲定制游业务增长迅猛，已占出境定制游整体的 10%，需求单量同比增长 130%。定制出游在发达国家的旅游者中并不普遍，一般仅限于经济能力较强并且偏中老年的游客，因此，定制游在中国市场具有普及化、年轻化和高增长的特点。比如，到访希腊的中国游客特点为非参团、年轻化，其定制需求集中在特色酒店、蜜月和婚纱照方面。定制游是最能满足个性化的旅行形式，因此不少有特殊需求的客人会提出多吃当地美食、多看建筑、观赏周边小镇、婚纱拍摄等需求。

四、婚纱摄影传奇故事

每个人都有自己的爱情故事，或幸福，或甜蜜，有些用文字记录，有些用照片、视频记录。婚纱照只能表现某个瞬间定格的状态，而通过拍微电影的方式记录属于自己的爱情传奇故事，更能留住真实的过程，更有纪念意义。微电影拍摄时以新人爱情故事为蓝本选择主题，然后进行必要的艺术加工，提供剧情脚本供新人参考，和婚纱摄影一样分不同的风格与造型，讲述动人故事，实现"一对一"的服务。用镜头传达情感，将新人爱情长跑故事以真实的视角和 3D 的形式展现在亲戚朋友面前。

近几年，很多影楼都加设了微电影这样的服务项目，且业务量有明显增多的趋势。该项目适合拍摄具有完整故事情节的爱情故事，时长一般 3~10 分钟为宜，制作周期 7~15 天，费用在几千元到数万元不等。

第五章
国外婚纱摄影行业经验借鉴

一、欧美婚纱摄影行业经验借鉴

（一）欧美婚纱照风格

欧式婚纱照又叫宫廷婚纱照，是模仿欧洲中世纪贵族风格的一种婚纱摄影形式，新人穿着欧洲贵族的礼服在以宫廷为背景的地方拍摄婚纱照。耀眼的宫殿厅堂布景和华丽的结婚礼服使欧式婚纱照吸引了不少新人的眼球。复古风盛行的背景下，欧式婚纱照极尽奢华，使新人成为婚礼上的焦点。

目前比较受欢迎的欧式婚纱照拍摄手法有两种：一种是利用线性流动的变化和华丽的色彩。拍摄的背景多以大理石为主，然后配上色彩多样的针织物、欧式的油画，使整个风格看上去豪华富丽。另一种是以效果典雅、亲切、豪华大气为主。通过精益求精的细节处理，给顾客舒适的体验。

拍摄欧式婚纱照的时候，可以与当地的历史文化相结合。欧式婚纱照大多以浪漫主题为主，在了解那里的文化之后，可以选择相应场景来拍摄，这样照片整体有一种神秘的气息，使新娘仿若高贵的公主置身于华丽的宫殿，有童话故事的感觉。对于拍照布景，白色雕花外墙会充满欧式浪漫气息，木制高大的门窗会透着怀旧的味道，绿色的门帘设计带有清新的田园风味，布景中酒吧的外墙往往装修得富有浪漫情调。

欧式婚纱照一般是浪漫主题的，新人们在拍摄时的着装和道具也有考究。首先是礼服的选择，欧式婚纱照注重庄重与奢华。新娘礼服以奢华隆重为基调，突出层次感和大拖尾，剪裁和做工考究，风格简约。新郎服装以适合出席欧美宫廷宴会的男士礼服为主。其次是背景和道具。拍摄所用的背景影调厚重，画面以欧式建筑为主。道具方面多选用欧式花瓶、色彩浓郁的干花、复古家具、古典钢琴、烛台等。再次是化妆造型。以凸显人物面部的立体感为主，常用大气、低调、浓郁的油画色彩体现妆面的质感。常配合新娘的发型和婚纱，选用不同色彩和花材的手捧花。又次是影调和色调，影调以奢华、庄重为主，色调以微微发黄的油画色彩为主。最后是构图与用光。相对于韩式婚纱照，欧式婚纱照在构图上更加严谨和稳重，光影质感更硬朗，用光手法更加细腻。

（二）美国流行婚纱摄影

The Knot 是美国最大的婚庆平台网站，其发布的《2014 年美国婚庆 O2O 发展报告》阐述了美国婚庆市场的消费习惯和趋势。美国偏好小规模婚礼，婚礼非常注重嘉宾体验和招待细节，包括有一个能反映个性的婚礼场地。

在美国，通过手机策划婚礼的新人越来越多。新人在手机应用上能够选择从礼服到婚庆公司的一切细节安排。2014 年，美国婚庆网站来自移动端的访问占比较 2011 年几乎翻番，从 33% 增长到 61%。据统计，有 71% 的新人通过智能手机访问 The Knot.com，也就是说大约每 10 个人中就有 7 个人热衷于通过移动设备策划婚礼。在移动设备上挑选婚礼服饰的比率从 2011 年的 27% 上升到 2017 年的 61%，挑选婚庆公司的比率从 2011 年的 22% 上升到 2017 年的 57%。

美国个性化婚礼正在崛起。新人通过选取意想不到的婚礼场地彰显他们独特的风格。2009 年开始，选择历史建筑和农场作为婚礼场地开始受到青睐。在历史建筑拍摄占比从 2009 年的 12% 上升到 2014 年的 14%；在农场拍摄占比从 2009 年的 3% 上升到 2014 年的 6%。同时，在宴会厅（22%）、乡间俱乐部（11%）和酒店（11%）拍摄依然受到新人的青睐。

（三）欧美婚纱摄影对我国的启示

与中国人的普遍做法不同，绝大多数西方人在结婚前是不拍婚纱照的。

他们一般认为，新郎在结婚前不能看到新娘穿婚纱的样子，否则不吉利。因此，西方人在结婚之前一般不会专门穿着婚纱拍一组照片，但可能会拍摄一组订婚照，比如威廉王子和凯特王妃的订婚照。虽然婚纱发源于西方，但是西方的新娘们并没有在结婚前拍摄婚纱照的传统。

国内拍摄婚纱照基本是棚拍。新人可以以各种场景为背景，棚拍的方式能够做到像在几个小时内逛遍了海内外景点进行拍照，而且服装、化妆、人员、灯光、环境等都有保障，后期处理方法也比较固定，出意外的概率比较小。但是这种方式由于不是在真实婚礼上带有真实情感的拍摄，可能新人不会有很强的代入感。从场景上来说，西方会选择教堂、海边、酒庄、农场等地方；而国内一般在宴会厅、会场等专门为婚礼精心安排布置的地方。另外，国外的仪式和吃饭是分开的，不光地点分开，有时在时间上也隔了好几个小时。在国内，大家都是坐在饭桌旁，看着台上的新人举办婚礼，然后上菜开饭。

二、日本婚纱摄影行业经验借鉴

（一）日本拍摄婚纱照的习俗

在日本，不同风格和款式的花嫁和服都有不同的含义。受地位、年龄等因素的影响，日本花嫁和服主要包括大振袖、色打掛、白无垢等，花嫁的配件也有很多。其中，白无垢是新娘的经典装束，是量身定做的纯白色礼服。自古以来，白色在日本就带有神圣的色彩，被用于法衣的颜色。因此，白无垢大多被用于神前式婚礼的着装，也就是在神社举办婚礼的话，建议穿白无垢。白无垢外面的白打掛是所有和服中单件最厚的，一般在 3.5 公斤左右，相当于批了件棉被。色打掛，顾名思义，就是色彩斑斓的打掛，来源于室町时代武士阶级妇人春秋季的礼服，是一件如同大衣般的长袍。从江户时代开始，色打掛慢慢在富商和豪门中得到普及，逐渐开始作为婚礼的礼服。在日本传统婚礼中，新娘会先穿着洁白无瑕的白无垢去举行神前仪式，然后替换上色彩斑斓的色打掛，寓意"成为了已婚人士"。

相比白无垢，大振袖有着更悠久的历史，一度作为武士家族的婚嫁礼服。从江户时代后期到昭和初期，才渐渐成为普及的婚礼礼服。从室町时代到安土桃山时代后期，棉帽子作为武士家族妇女外出所穿着的服饰，是从头开始披着的短袖和服，如"被衣"，原本只用来作为在外出时防尘和防寒用的服饰，就如同现在的婚纱裙的头纱一样。在日式的婚礼仪式上，新娘又叫文金高岛田（Bunkin Takashimada），会将头发梳成"日本传统的弯曲的高发髻，并在头顶上盖上一块带状的宽布"，这便是所谓的角之隐（Tsunokakushi）。

（二）日本婚纱摄影的习俗

日本的婚纱照中，新娘的造型几乎一样。日本新娘传统的婚纱照装扮"花嫁妆"，都是白白的脸配上扇子状盘起的发型。因此，在拍摄时无论新娘是瓜子脸还是圆脸，都要确保在镜头前装扮成像一个模子里刻出来的"标本新娘"，如果是在集体婚礼中，往往容易出现新郎拉错老婆的困境。而且这样普通的婚纱照，在当地的婚纱摄影工作室拍摄八九张就要花不止10万日元（约合7000元人民币）。按照日本传统的婚俗，在结婚之前新人要提前住进高档宾馆，在婚礼当天盛装直奔婚礼典礼。婚纱摄影工作室的人会在新郎新娘换好婚纱礼服后，为他们在宾馆房间和附近风景优美处拍摄若干婚纱照。日本人的婚礼大多包给固定的婚庆公司，是全包的，婚纱照的拍摄也包括在内，若不拍婚纱照是会让人笑话的。日本的婚纱摄影师水平都很高，所拍摄的婚纱照的光、影、物搭配非常精美。新郎新娘该举怎样的伞，举在左手还是右手上，都是有一定规范的，这样拍起婚纱照来就容易多了。

（三）日本最大的婚庆上市公司"华德培"

日本最大的上市婚庆公司华德培婚礼服务公司（The Watabe Group，以下简称华德培）的成长轨迹，可为国内婚庆企业的整合路径提供借鉴。

1. 整合甜蜜产业链

华德培创建于1953年，伴随着日本国内婚庆市场从追求奢华婚礼到简朴婚礼再到特色婚礼的发展轨迹，华德培先后经历了专业婚纱租售、国内网点扩张、海外市场拓展等几个发展阶段，在完成规模扩张的同时，通过加大对与婚庆相关设施的投入来夯实企业基础，如建立专属度假地、专属婚礼教堂、礼服加工厂、相册加工厂、DVD 制作中心等。最终，华德培由经营礼服租售转型为提供全面婚礼服务，形成了日本首家整合婚庆产业链，提供从婚纱摄影到婚庆仪式一条龙服务的机构。华德培凭借前瞻性的发展战略，成为日本最大的婚礼顾问公司。

2. 产销一体化

伴随客户需求的多样化趋势，婚庆服务产业对婚礼仪式，以及与之相关的婚纱礼服、婚纱摄影、影像资料等的需求也不断提高。尽管需求在增加，但目前能充分满足这些需求、提供一揽子解决方案的婚庆服务企业凤毛麟角。比如，准新人选择在酒店举行婚礼，酒店可以提供婚礼仪式和乐队服务，但婚纱摄影和礼服就要通过聘请其他机构来解决。华德培通过建立婚纱礼服制衣厂、相册制作厂、DVD 制作中心等，构建婚庆系列产品生产基地，并向集团海内外各网点配送。2004 年 5 月，华德培通过并购综合婚礼服务提供商 Meguro Gajoen，将其服务领域从婚庆进一步拓展至成人仪式、结婚周年纪念等。2008 年 10 月，华德培又收购了摄影机构 Mielparque。2009 年 4 月，华德培将原先分散管理的 Mielparque 旗下全部摄影工作室进行统一管理，并将集团的婚纱摄影产品统一为 Mielparque 品牌。通过一系列强化自主产能和收购兼并举措，加之多年来海内外终端网点扩张，华德培打通了婚庆产业链的上下游。

3. 扎根本国市场

自 1973 年在美国夏威夷开设分支机构起，华德培就一直将日本海外业务拓展作为其重要战略。不过，面对美国"9·11"恐怖袭击事件、SARS 病毒及飙升的油价导致的日本海外旅游人数下降、全球金融危机等不断爆发的突发事件，华德培重新调整了发展战略，更注重本国市场的开发。目前，华德培在日本的北海道、冲绳、东京、京都、大阪、横滨、名古屋、神户、神奈川等地设有 31 家分支机构。此外，本地婚礼还通过 Meguro Gajoen、Mielparque 等负责承接。有趣的是，华德培内部调查显示，日本国内有 30% 左右的准新人不打算举行结婚仪式。这些人中的大部分是因为不满意传统过时的婚庆形式，希望追求时髦新奇的仪式。华德培将这一人群视为其潜在目标客户，并通过其行业领先地位和协同效应打造创新产品和服务来满足这一群体的需求，拓展日本国内市场。为了吸引更多中国香港和台湾地区客户，除了向他们提供夏威夷、关岛、巴厘岛以及澳大利亚等婚庆地之外，华德培还特别针对这一特定客户群强力推荐日本婚礼地，如其分支机构所在的冲绳和北海道。考虑到区域差异，华德培除了提供与日本本国客人相同水准的婚礼服务之外，还特别为中国香港和台湾地区客人提供贴身翻译服务。

三、韩国婚纱摄影行业经验借鉴

（一）韩国婚纱机构类型

韩国婚纱摄影一直以来是以影楼为主的拍摄文化。这是因为，韩国规模较大的影楼既有花园景，又有精心打造的天台及阳台景。对工作忙碌的韩国新世代来说，可以不用担心天气，一年四季无论早晚都可以拍摄出各类的婚纱照。韩国影楼分两类：一类是用实景来拍摄，所以原图照片的背景不会欠缺。另一类是在照片拍好后再加场景，比如拍摄时背景是蓝布，修图后变成大海。这样拍摄的原图照片，很多时候背景是不完整的。

韩国婚纱店大大小小、形形色色，可以分以下几种：第一种是专门租借韩国国外婚纱的高级婚纱店，喜欢用国外品牌的新人可以在这里租赁国外婚纱。第二种是韩国本土有名的手工婚纱，所有婚纱都是手工制作，而且裙背附有索带，可调节大小，对于婚纱使用周期有标准监控。第三种是综合的韩国婚纱小店。有不同的国内外婚纱，品牌不一，属于较为经济的选择。第四种是一站式婚纱化妆店。

（二）韩式婚纱照的特点

韩国拍摄婚纱照有七大特点，了解之后在国内也能拍出相似的感觉。

1. 妆容发型

韩国最突出的就是清透自然的裸妆妆容，这也是韩国新娘必备的妆容。发型最常看到的是波浪长发、中低发髻或者是波浪低马尾，并用简单的配件来做装饰。

2. 礼服

韩国婚纱以白纱为主，没有太多的缀饰，但又能将新娘的线条柔和地展现，简约而不简单。

3. 拍摄场景

韩国许多婚纱摄影公司重金打造犹如外景地的室内摄影棚，使新人在拍摄过程中无须在户外经受风吹日晒。拍摄风格往往是极简风，即连背景都要求素雅，所以韩国的婚纱照中有很多背景很简单，不是黑就是白，因为他们认为背景不是重点，美丽的新人才是重点。

4. 光源

韩国的婚纱照崇尚自然光影，利用自然光拍摄出来的画面最为柔美，因此在布景时常常会有大片的落地窗出现，也最常利用门窗透过来的光来营造如韩剧般的氛围。逆光也是韩国摄影师常用的光线，以此来营造出浪漫的梦幻感。

5. 拍摄手法

韩国摄影师比较偏爱平视角，再利用景深的方式让观赏的人聚焦在新人上面，这样的画面不但更生活化也非常经典。在韩国的婚纱照中，偏黄色调的复古照片也很受韩国新人喜爱，因为他们希望自己的婚纱照再过10年、20年都还能看起来非常经典。

6. 爱人间细腻的情感

在韩国婚纱照中，新人之间自然的互动是韩国摄影师最喜欢抓拍的画面，因为只有这样真情流露才能感动每一个人，也让大家能够直接感受到新人的喜悦与甜蜜。

7. 新娘才是重点

结婚时新娘是婚礼的主角，韩国摄影师偏爱拍摄新娘自然的笑容。不管是开心的大笑还是浅浅的气质微笑，都呈现出新娘们最幸福的状态。

第六章
婚纱摄影行业发展风向

一、全球婚纱摄影潮流

（一）轻松自然风

这种风格的婚纱照喜欢在大自然中拍摄，如花园、乡村、酒庄和其他户外婚礼场所。新人听着欢快的歌曲，真情流露，他们在自然的环境中放松，感受彼此的爱意，同时拍摄出充满活力、风格新颖而又经典的画面，不会过度摆拍或重新润饰。

（二）情绪戏剧风

这种风格的照片有强烈的宏伟感。摄影师往往会寻找独特的建筑、引人注目的风景，体现其中的细节之美。主张运用光线和阴影、纹理和色调来创造层次丰富的照片。在后期制作过程中，会对照片进行修饰，以产生胶片的纹理、时尚的滤镜和饰面。

（三）高雅艺术风

这种风格的优点在于能捕捉婚礼环境的细节之美和拍出清晰的照片。摄影师融合电影方式，运用完美的照明，抓住巧妙的时机，以自然优雅的风格拍摄出古典美丽、完美精致的照片。其中，拍摄特写细节镜头的广角肖像特别值得一提。

(四) 独特创意风

对于寻找一些不同的东西的人来说，独立风格摄影的另类创意可能正是其所需要的。结合独特的肖像画，纪录片风格的捕捉和创意设置，婚纱照融合了很多不同风格的摄影元素，以满足客户个性化的需求。

(五) 黑白摄影风

黑白过去只用于艺术拍摄，但这种趋势随着时间的推移而逐渐变化。黑白摄影开始复出，更多人将这种技术用于婚纱摄影。黑白图像消除了构图变化中的焦点，并促使观看者专注于拍摄的时刻。

(六) 无人机拍摄

无人机摄影曾经非常昂贵，但发展到了今天，无人机已可以以合理的价格购得，用以拍摄高质量的照片和视频。无人机拍摄为从高处获得图像提供了全新的视角。正确规划和执行无人机婚礼摄影可以拍到更多美好的瞬间。

(七) 使用烟雾弹

使用烟雾弹是让婚纱照看起来更有趣和更真实的好方法。当采用适当的背光进行拍摄时，颜色会发光，能够拍摄出一些令人惊叹的照片。

(八) 水下摄影

随着防水相机和 GoPro 相机的问世，水下拍摄在全球范围内越来越受欢迎，特别是受运动员们的欢迎，水下婚礼照片拍摄将在未来更加盛行。

(九) 自拍时尚风

许多聪明的夫妇在他们的婚礼场所为他们的朋友和家人准备了自拍台。摄影师可以捕捉到使用手机相机或自拍杆拍摄自拍照的客人的有趣时刻。这种拍摄形式正在逐渐普及，而且将在未来继续盛行。

（十）增加动态照片

这是摄影的一种形式，拍摄静态照片并选择令人愉悦的音效进行动画处理。这些短片可以在社交媒体账户中轻松分享，或嵌入发送给亲朋好友的婚礼邀请邮件中，作为即将举行的婚礼的预告片。

二、国内婚纱摄影潮流

（一）古装婚纱

随着婚纱摄影技术的不断发展，人们对单调老套的艺术照和大同小异的西式婚纱照开始产生审美疲劳，而古装婚纱照越来越成为一种新潮流，受到众多年轻新人们的热情追捧。首先，无论是汉服、唐装，还是旗袍，都能够体现出别样的古典韵味。古装婚纱照最讲究的就是服装的演绎，我国古代服装的种类也根据朝代的更替不断变化，无论是秀禾服、唐装或者是旗袍都各有特色，不同的服装所能展现的新娘气质也有所不同。其次，精美的妆容。我国古代就有描写女子妆容的句子，如"淡妆浓抹总相宜"。通常我们看到的古装剧中，妆容都是以精致清透、典雅大方为主。婚纱照拍摄的基本原则是要留住最美好的瞬间，因此在妆容方面应该力求精致，过于娇艳的妆容并不适合婚纱照的拍摄。最后，除了服装之外，古装婚纱照最需要的就是道具的衬托。现在影楼中不乏各种各样、千奇百怪的道具，而古装婚纱照用得最多的不外乎折扇、古筝、宫灯、字画等，它们既能够最大程度地渲染环境氛围，又能够丰富出片后的效果。

（二）水下摄影

21世纪初，全球范围内开始风靡水下婚礼，越来越多的人开始关注并青睐于置办别具匠心的婚礼，因此水下婚纱照拍摄也得到了很大程度的发展。中国提供水下婚纱照拍摄的地方通常是海南三亚。

（三）"另类"婚纱

随着社会的发展，新人们对自己婚纱照的要求越来越个性化，另类婚纱照逐渐成为大家追求的拍摄风格。有一些新人为了让自己的婚纱照能够与众不同，甚至选择全裸或半裸的方式来拍摄。此外，还有戏曲类的婚纱照，或者是复古类的婚纱照、幽默风趣的婚纱照，能够满足新人的不同需求。

另类婚纱摄影在欧美国家流行已久，人们用泥巴、颜料、火等毁坏婚纱来彰显个性效果，同时也象征着他们对婚姻永恒的承诺。创意另类婚纱拍摄戏剧效果有以下形式：在沙滩上舞蹈、与野生动物共舞、油漆喷洒、浴缸里共饮、创意 Kiss、枕头大战、躺在屋顶上、在海中床上喝饮料等。

（四）VR 婚纱拍摄

现今在市场上出现了 VR 婚礼的模式。主要内容有 VR 婚礼拍摄、VR 婚礼现场布置、VR 婚礼彩排。VR 摄像机通过 360°全景视屏加 3D 效果拍摄，旨在让新人在回看视频时"穿越"到结婚当天的感受，而并不只是看视频回忆的感觉。

三、婚纱摄影市场趋势

（一）两大板块

婚纱摄影必然向两大板块扩展：一是向大影楼发展。也就是采用规模化、标准化的模式，服务分类、分档次，工作分工越发精细，装修豪华、现代、时尚、专业、高档，产品精致、礼服华丽。二是向工作室发展。工作室强调的是个性化服务，在服务特色上是一个工作人员、一个摄影师和一个化妆师只服务一对客人，注重客人的感受，适合一些注重个性特色的客户。

（二）讲究细节创新

婚纱摄影企业要在竞争中立于不败之地，其核心是巩固自己的客户群，突出服务、品质和差异化与创新。

（1）"一对一"VIP服务备受推崇。根据客人的不同要求为其服务，甚至拍摄景点也可以由客人决定。摄影师、化妆师和工作人员组成团队专门为客人提供"一对一"服务。

（2）主题摄影将成为婚纱摄影主流。千人一面、千篇一律的婚纱照已不能满足人们的需求，追求时尚、追求自由、追求个性张扬的婚纱摄影是青年人所青睐的。每个婚纱照主题都有一定的内涵。影楼主题摄影推广是市场发展的必然。主题摄影涉及审美问题、摄影技法问题、画面设计问题、后期数码色彩处理问题等。技术人员的技艺水平也会极大影响影楼的发展与生存。如何迅速增强影楼的技术力量，使影楼能够持续发展是婚纱摄影企业必须面对的问题。

（3）平面静态与动态MTV结合产品的需求增加。这将成为未来婚纱摄影的主流。婚纱摄影由室内走向室外，由室外走向自然景点、名胜古迹，甚至国外。但随着图像技术的发展，人们对图像信息的要求不会停留在静态画面上，他们希望拥有全方位的视觉享受，动态的画面将在未来婚纱摄影产品中占有重要地位。在为客人拍摄婚纱照的同时拍一套MTV爱情短片，能够增加客人的喜爱程度。

（4）婚纱摄影的后期数码制作，越来越显出重要性。数码技术水平的提升将成为影楼的核心竞争力。

（5）网络营销将成为影楼营销的重要渠道。较之传统营销，网络营销大量节省人力、物力，将成为影楼营销的主要手段，加快发展网络营销是必然的趋势。

（6）对影楼器材市场的前景进行展望，可以预期数码化时代将要来临。影楼器材市场的产品结构较以前有了很大的变化，数码化取代了胶片，相片制作调色数码化，产品数码化。数码化影响了整个产品的结构及流程。

Part 3

第三篇

儿童摄影行业发展篇

第一章
2017年中国儿童摄影行业发展概况

本章主要依据商务部商贸服务典型企业统计数据、中国人像摄影协会典型企业数据和本课题组调研数据进行测算，鉴于典型企业统计方法的局限性，考虑到行业非法人经营单位、从业人员的流动性和不易统计等因素，相关统计数据可能存在偏差。

一、儿童摄影行业发展总体概况

2017年儿童摄影行业发展呈现以下特征：行业持续快速增长，增速领跑人像摄影行业；行业业态结构更加细分；行业进入稳健发展期；行业消费结构呈现橄榄状，市场潜力巨大；行业经营成本增加，平均利润率下降，即将进入微利时代。

（一）行业持续快速增长，增速领跑人像摄影行业

儿童摄影行业作为新兴行业，脱胎于婚纱摄影行业，起步晚，发展时间较短。20世纪80年代，台湾影楼经营模式被引入大陆市场，婚纱摄影兴起。90年代中期，儿童摄影从婚纱影楼分离出来，在北京、上海等一线城市和浙江、广东等沿海地区，出现专业性儿童摄影影楼，随后在全国各地迅速扩张。这一时期，涌现大批小型儿童摄影企业，这些企业规模小、服务品类单一，后期采用广告战、价格战取得市场。2000~2008年行业进入整合期，企业获客成本高，进入壁垒增加，儿童摄影消费者个性化需求出现。没有竞争

优势的企业逐渐退出市场。从 2010 年发展到现在，行业进入成熟期，受益于国家宏观经济持续稳健发展和国家"二孩政策"，儿童摄影行业发展速度长期领跑人像摄影行业，开始出现区域性强势品牌，80% 的市场份额被 20% 的企业垄断，产品设计成熟，企业更多地提供个性化的服务。

我国儿童摄影经过 30 多年的发展，已成为我国人像摄影行业的重要组成部分。特别是近两年，儿童摄影在整个摄影行业中异军突起，增长速度领跑人像摄影全行业。数据显示，2017 年中国人像摄影行业全口径收入约为 3745.4 亿元，其中儿童摄影实现年产值达 620 亿元，营业收入占比 16.55%。2017 年儿童摄影企业总数已达 9.2 万家，占人像摄影行业企业总量的 21.1%；从业人员 135 万人，占人像行业总就业人数的 22.16%。2017 年，中国人像摄影全行业规模同比增长 18.2%，而儿童摄影增长达 26.3%，高出全行业增速 8.1 个百分点，成为全行业五大业态增速第一名（见表 3-1）。① 2017 年人像摄影行业平均利润率为 11.7%，儿童摄影行业平均利润率为 17.5%，高于行业平均水平 5.8 个百分点。儿童摄影无论是企业数量还是营业收入、行业规模都高速增长，成为拉动行业产值增长的另一个引擎。

表 3-1　2010~2017 年我国儿童摄影行业规模和市场增速

年份	市场规模（亿元）	同比增长（%）
2010	215	—
2011	246	14.4
2012	286	16.3
2013	334	16.8
2014	396	18.6
2015	472	19.2
2016	579	22.7
2017	620	26.3

资料来源：根据中国产业信息、国家统计局、2012~2016 年《中国人像摄影行业发展报告》数据整理。

---

① 中国人像摄影学会：《中国儿童摄影事业进入新时代——中国儿童摄影行业 2017 发展峰会综述》，http：//www.chinaportrait.org/home/newsdetail？aid=284。

（二）行业业态结构更加细分

随着"二孩政策"的放开，儿童摄影消费需求增幅明显，儿童摄影市场迎来发展高峰期。根据年龄，目前儿童摄影类市场被细分为儿童摄影、新生儿摄影、婴童摄影、亲子摄影四个大类（见表 3-2）。儿童摄影产品从传统的满月照、百日照、半岁照、周岁照，发展到事件记录（满月宴、生日宴、幼儿园/小学毕业照等）、亲子写真、儿童私人定制拍照、儿童微电影、亲子旅行拍摄、跟拍、上门拍摄等。

表 3-2 2017 年中国儿童摄影业业态结构分类

业态结构	儿童摄影	新生儿摄影	婴童摄影	亲子摄影
占比（%）	36.8	16.5	18.0	28.7

（三）行业进入稳健发展期

2017 年儿童摄影行业进入稳健发展期，主要有三个方面的原因：第一，从政策端来看，"二孩政策"红利持续释放。随着国家"二孩政策"的实行，儿童摄影行业站上风口，坐拥流量。国家统计局数据显示，2011 年全年出生人口 1604 万人，2012 年全年出生人口 1635 万人，2013 年全年出生人口 1640 万人，2014 年全年出生人口 1687 万人[1]，2015 年全年出生人口 1655 万人[2]，2016 年全年出生人口 1786 万人[3]，2017 年全年出生人口 1723 万人。2011~2017 年合计新出生人口（即 0~8 岁婴幼儿，儿童摄影行业核心消费群体）1.173 亿人[4]。而《中国统计年鉴》（2017）数据显示，2016 年我国 0~14 岁人口数为 2.3008 亿[5]（见表 3-3 和表 3-4）。这表明我国儿童摄影市场容量

---

[1] 国家统计局：《中华人民共和国 2014 年国民经济和社会发展统计公报》，http://www.stats.gov.cn/tjsj/zxfb/201502/t20150226_685799.html。

[2] 国家统计局：《中华人民共和国 2015 年国民经济和社会发展统计公报》，http://www.stats.gov.cn/tjsj/zxfb/201602/t20160229_1323991.html。

[3] 国家统计局：《中华人民共和国 2016 年国民经济和社会发展统计公报》，http://www.stats.gov.cn/tjsj/zxfb/201702/t20170228_1467424.html。

[4] 国家统计局：《中华人民共和国 2017 年国民经济和社会发展统计公报》，http://www.stats.gov.cn/tjsj/zxfb/201802/t20180228_1585631.html。

[5] 1992 年 4 月 1 日《儿童权利公约》在我国正式生效，我国法律对儿童年龄的界定为 0~14 周岁。

巨大，未来发展空间也很大，行业前景看好。第二，从需求端（市场购买力）来看，2017 年我国城镇居民人均可支配收入 36396 元，城镇居民人均消费支出 24445 元，农村居民人均可支配收入 13432 元，农村居民人均消费支出 10955 元，亲子消费已经成为国人家庭消费的重要支出。儿童摄影是婚纱摄影的产业延续，中国人在结婚之后面临的第二件人生大事就是生子。在当前 "4+2+1" 家庭结构下，家庭经济收入丰裕，婴幼儿是两代家庭消费的重点，具有很强的消费能力。每年给儿童拍摄纪念照或拍摄亲子家庭照，已受到越来越多家庭的重视，同时也成为一种时尚。更为重要的是，儿童摄影的消费频次要比婚纱摄影高很多，可以重复消费。第三，从供给端来看，儿童摄影行业市场潜力巨大，投资前景非常可观，吸引更多的儿童摄影企业和从业人员从事儿童摄影行业。2017 年儿童摄影企业已达 9.2 万家，从业人员135 万人，为市场提供了充足的产品和服务。

表 3-3　2007~2016 年全国出生率

年份	2007	2008	2009	2010	2011	2012	2013	2014	2015	2016
出生率（%）	12.10	12.14	11.95	11.90	11.93	12.10	12.08	12.37	12.07	12.95

表 3-4　2008~2016 年我国 0~14 岁人口数

单位：万人

年份	2008	2009	2010	2011	2012	2013	2014	2015	2016
0~14 岁人口数	25166	24659	22259	22164	22287	22329	22558	22715	23008

资料来源：国家统计局：《中国统计年鉴》（2017），http://www.stats.gov.cn/tjsj/ndsj/2017/indexch.htm.

（四）行业消费结构呈现橄榄状，市场潜力巨大

随着居民可支配收入的逐年增加，近两年来儿童摄影行业消费内容已经由传统以的百日照、生日照等单张照片消费为主，过渡到儿童摄影成套拍照。

从客单价消费金额来看，500 元以下的约占 21.8%；500~1000 元的占 29.3%，1000~2000 元的占 35.7%，2000~3000 元的占 9.7%，3000 元以上的占 3.5%。从当前儿童摄影客单价可以判断，行业消费结构呈现橄榄形，两头小中间大，中档消费成为行业主流消费，高端和低端消费小。

据测算，2016 年我国 0~14 岁儿童 2.3008 亿人，不计入重复消费，当客单价人均达到 2000 元时，儿童摄影行业市场规模可达到 4601.6 亿元（见表 3-5）。目前我国儿童摄影的年销售额仅 620 亿元，表明儿童摄影行业领域有巨大的市场潜力可供发掘。

表 3-5　我国儿童摄影行业市场容量测算

项目名称	市场容量（亿元）
2016 年我国儿童人数（亿人）：2.3008	
人均消费金额（元/人）：500	1150.4
人均消费金额（元/人）：1000	2300.8
人均消费金额（元/人）：1500	3451.2
人均消费金额（元/人）：2000	4601.6

（五）行业经营成本增加，平均利润率下降，即将进入微利时代

随着儿童摄影行业进入到成熟期，"互联网+"加速了行业价格和服务信息的透明化，加之行业内部产品同质化日益严重，价格竞争激烈，行业整体盈利能力下降。商务部人像摄影行业典型企业统计数据显示，儿童摄影行业平均利润率长期领先于人像摄影行业平均利润率（见表 3-6），但近年来缓慢下降，销售收入保持稳定。

表 3-6　2012~2017 年我国儿童摄影行业主要企业经营情况

年份	2012	2013	2014	2015	2016	2017
儿童摄影行业平均利润率（%）	15.0	15.0	13.0	13.6	15.8	17.5
人像摄影行业平均利润率（%）	12.8	10.8	9.06	9.0	11.3	11.7

资料来源：根据 2012~2016 年《中国人像摄影行业发展报告》数据整理。

二、儿童摄影行业发展存在的问题

儿童摄影行业作为人像摄影行业的重要组成部分，除了存在着人像摄影

行业一般性的行业问题外，还存在一些特殊的行业弊端。具体表现为：准入门槛低，行业同质化严重，非正当和无序竞争激烈；经营成本逐年递增，企业负担沉重；从业人员文化水平较低，创新能力弱；产业集中度低，企业规模偏小，以小型企业和工作室为主，抗风险能力偏弱；儿童摄影新业态和新产品缺乏，高端儿童摄影产品供给不足；获客渠道高度依赖线上互联网平台。

（一）准入门槛低，行业趋向同质化，无序竞争激烈

相较于成人摄影而言，儿童摄影行业因投资成本少、门槛低、利润较高，再加上儿童摄影与婚纱摄影一次性消费不同，它可涵盖的客源年龄区间较大，客源稳定而且可以循环利用。近年来儿童摄影行业成为投资热点，一些婚纱影楼直接转型儿童摄影，儿童摄影行业规模急速膨胀。

据统计，2012 年儿童摄影企业数量仅 1.19 万家，2017 年儿童摄影企业数量激增至 9.2 万家，6 年间新增了 8.01 万家，平均每年新增 1.33 万家。大量企业如潮水般涌入儿童摄影行业，产品和服务同质化，加剧了儿童摄影行业的恶性竞争。

面对市场的急速膨胀和激烈的同行竞争，一些儿童影楼和工作室常以"免费拍照""特惠套餐"等名义揽客，这种拍摄后强迫购买、二次消费、不履行协议内容等消费陷阱，造成行业投诉率增加。

（二）企业经营成本逐年增加

与婚纱摄影行业相类似，儿童摄影行业人力成本、房租和装修成本、营销费用、管理和财务费用逐年递增。人像摄影学会和商务部典型企业调查统计数据显示：2017 年典型企业四项费用合计同比增长 9.3%（见表 3-7），其中行业平均工资同比增长 10.3%，营销费用同比增长 13.6%，房租和装修费用同比增长 6.8%，管理和财务费用同比增长 4.5%。

表 3-7　2017 年儿童摄影业典型企业基本情况统计

指标	同比增长（%）
总收入	18.2
企业总量	5

续表

指标	同比增长（%）
从业人员	1
平均利润	17.5
四项费用占营业额平均比重	9.3
营销费用占营业额平均比重	13.6

值得注意的是，由于儿童摄影行业 30 人以下中小型企业和工作室占行业企业总数的 90.38%，这些企业财务制度不健全，行业应交税金同比仅增长 1.6%。

（三）从业人员文化水平较低，创新能力弱

儿童摄影行业属于知识创造性行业，再加上儿童天性多动，要拍摄出好的儿童摄影作品，摄影师不仅要掌握摄影技巧，还要熟悉儿童心理学，善于与孩子沟通，才能够把孩子最可爱、最具个性的画面拍下来。因此，拥有一批高学历的专业摄影人才，拍摄出高质量的摄影作品是儿童摄影企业的核心竞争力之一。

当前我国儿童摄影行业从业人员基本上是由婚纱摄影行业和综合摄影行业转换而来，因从业门槛低，行业从业人员基本上沿袭师徒制学习摄影技艺，整体文化水平不高。据统计，儿童摄影行业从业人员中，初中学历占 15.7%，高中及专科学历占 48.3%，大学学历占 32.4%，大学以上学历占 3.6%。此外，从儿童摄影企业内部人力资源结构来看，企业管理人才和财务人员缺乏，造成企业发展缺乏远期规划，财务管理制度不健全，企业内部风险大。

（四）产业集中度低，企业规模偏小，以小型企业和工作室为主，抗风险能力偏弱

从企业规模来看，儿童摄影行业独角兽企业偏少，以中小型企业和工作室为主。2017 年儿童摄影行业共有 9.2 万家企业，从业人员 135 万人，平均每家企业从业人员为 14.67 人。

据调研数据统计，儿童摄影行业 15 人以下工作室和企业占行业企业总数的 73.57%，其中夫妻为主体的工作室占 42%；15~30 人的企业占 16.81%；30~50 人的企业占 7.36%；50 人以上连锁企业占 2.26%。企业规模小造成市场开发能力弱，企业融资能力不足，从而导致企业抗风险能力弱。

（五）儿童摄影新业态和新产品缺乏，高端儿童摄影产品供给不足

当前儿童摄影行业仍然沿袭婚纱影楼传统，提供的产品和服务都是固定的套餐，行业内企业主要提供中低端产品，客单价在 2000 元以内，儿童摄影类高附加值的高端产品，如旅游摄影、私人定制、纪实摄影等产品供给不足。

儿童摄影是持续性消费，复购率很高。若儿童摄影企业或工作室没有优质的服务和个性化、多组合的产品，客户下次有拍摄需求时就会更换商家，从而造成顾客流失严重。

（六）获客渠道高度依赖线上互联网平台

当前消费者向移动互联网全面转移，儿童摄影行业同人像摄影行业其他业态一样，营销推广和获客渠道高度依赖互联网平台。据统计，儿童摄影类典型企业获客渠道中，品牌和口碑获客 13%；传统门店获客 21%；报纸、电话、短信获客 9%；展会获客 6%；互联网搜索和门户网站获客 51%。

随着互联网用户总数趋于饱和，互联网推广和获客的红利期已过，线上流量费越来越贵。当前儿童摄影企业获取新客户平均成本（包含推广流量费、客服人工成本、销售提成）约为 600 元，高额的获客成本，造成行业利润空间收窄。

三、儿童摄影行业发展趋势预测

从儿童摄影行业发展趋势来看，我国儿童摄影将进入优胜劣汰的调整期

和优化配置的创新期。未来行业发展将呈现以下趋势：政策红利持续释放，儿童摄影行业未来五年仍将快速增长；主要客群关注个性化和定制化，倒逼行业变革；行业企业加快海外摄影市场布局，国际化趋势加强；行业竞争将进入品牌竞争时代，优胜劣汰。

（一）政策红利持续释放，儿童摄影行业未来五年仍将快速增长

儿童摄影行业属于幸福产业，致力于满足人民日益增长的美好生活需要。"十三五"期间，是我国全面建成小康社会的决胜阶段，我国经济供给侧结构性改革将扎实推进，经济社会将继续保持平稳健康发展，全国居民人均可支配收入将保持9%的年增长率。此外，国家"二孩政策"、国家和各省市出台的加快服务业发展的相关扶持政策，将为儿童摄影行业发展提供强大的政策支撑。

从整个儿童摄影行业未来五年的发展趋势来看，儿童摄影行业政策红利不断释放，巨大的儿童消费群体将带来千亿级的市场，具有广阔的发展空间，巨大的市场会催生全新的商业模式和独角兽企业。

（二）主要客群关注个性化和定制化，倒逼行业变革

儿童摄影行业的主要客群是0~14岁年龄段的"00后"，他们的父母大多是"80后"和"90后"，他们是互联网使用率和消费渗透率最高的群体，他们追求服务个性化、产品定制化以及需求社群化，将倒逼儿童摄影行业从流水线式的生产模式转型为服务模式和创作模式。

未来儿童摄影行业须重点解决客户两大需求：第一，产品创新和拍摄过程中的流程性服务，为客户提供差异化的专业性拍摄计划和拍摄建议，完成客户的个性化和定制化拍摄方案；第二，满足客户对摄影技术、化妆技术和后期设计制作的需求，同时提供服装、道具及流程衔接性的软性服务。

未来儿童摄影行业将在满足主要客群差异化、个性化、定制化需求的基础上，培育出新的优势和发展动能，用产品造品牌，用服务创品牌，用口碑树品牌。

（三）行业企业加快海外摄影市场布局，国际化趋势加强

顺应经济全球化的发展，儿童摄影行业优质企业将率先实施"走出去"战略，充分利用国际市场和资源，参与儿童摄影国际竞争与合作，行业将迈入国际交流新时期。

借助国家"一带一路"倡议和我国公民出境游热潮，未来儿童摄影行业越来越多的优质企业将加快海外投资，布局海外摄影基地，取得海外商业摄影资质，开发各类海外旅行拍摄、私人定制等高端产品；参与各类儿童摄影国际大赛，涌现一批国际知名的儿童摄影师，增强中国儿童摄影国际影响力；聘请国外优秀儿童摄影师和工作室来华工作；引进国际儿童摄影行业先进技术设备、管理软件。

（四）行业竞争将进入品牌竞争时代，优胜劣汰

移动互联网时代，每个行业都在被重新定义，2017 年诸多行业遭遇来自行业外的颠覆者。随着我国经济发展进入新时代，企业之间的竞争将由价格竞争、质量竞争、服务竞争阶段步入到品牌竞争阶段。品牌将成为企业利润水平提升的重要手段和重要的无形资产，成为企业生存和长远发展的有力保障。

当前儿童摄影行业正处于品牌窗口期，用户品牌意识正在建立，行业内还未出现占据市场较大份额的领军品牌。未来儿童摄影企业需要围绕用户体验和企业品牌进行规划，从关注产品功能价值向注重产品体验价值、品牌价值转变，需要高度重视品牌的打造、经营与推广。

未来，儿童摄影行业内综合实力较强的跨区域品牌企业将占据行业高端市场和大部分消费市场，最终成为行业的独角兽企业。新入行或者小规模企业只能在剩余消费市场中去拼价格和服务，优胜劣汰。

四、儿童摄影行业健康发展的对策

针对儿童摄影行业存在的弊端和不足，儿童摄影行业将通过以下措施实现行业健康发展，具体表现为：增强互联网思维，提升创新能力和核心竞争力；注重口碑维护，客户口碑是行业最好的流量；创新行业人才培养渠道；加强行业自律，扩大行业交流。

(一) 增强互联网思维，提升创新能力和核心竞争力

互联网之于大多数儿童摄影企业而言，仅仅是一个获客渠道。事实上，互联网最大的优势是帮助传统儿童摄影企业降低运营成本，提高效率，优化用户体验，将线上流程标准化，将线下服务细节流程化。

互联网思维是指在"互联网+"、大数据、云计算等科技不断发展的背景下，对市场、用户、产品、企业价值链乃至整个商业生态进行重新审视的思考方式。互联网时代，用户至上、体验至上、服务至上、平台至上。儿童摄影企业必须要增强用户思维、平台思维、流量思维、大数据思维和跨界思维，增加企业研发投入，积极引进和运用新科技，提升创新能力和核心竞争力，为客户提供更为精致化、个性化、多样化的服务。

(二) 注重口碑维护，客户口碑是行业最好的流量

口碑传播是指具有感知信息的非商业传播者和接收者对一个产品、品牌、组织和服务的非正式的人际传播。新媒体时代，信息传播社交化，口碑传播正在成为影响现在或潜在顾客品牌选择的主要信息来源之一，也是企业塑造品牌忠诚、形成品牌资产的重要工具。

未来互联网流量成本将不可避免地上涨，如何用最低的成本获取最多的客户是儿童摄影企业必须考虑的重要问题。事实上，客户才是儿童摄影行业最好的流量，这需要行业企业在获客途径上，高度重视口碑维护，通过口碑来获客。一方面要苦练内功，提升产品和服务创新能力，提升顾客的满意

度，打造品牌；另一方面要充分利用微博、微信等移动社交传播平台，做强口碑维护和营销推广。此外，强化与老顾客间的关系联结，增强顾客的信息互通和体验共享，从而通过老顾客推荐新客户和老顾客重复消费来获客。

（三）创新行业人才培养渠道

当今世界，科技进步日新月异，知识发展和更新的速度大大加快，只有通过不断学习、终身学习才能跟上时代发展的步伐。为进一步推动儿童摄影行业可持续健康发展，解决儿童摄影行业从业人员文化水平较低的问题，亟须创新行业人才培养渠道。

充分发挥中国人像摄影学会作为行业组织的作用，促进产业需求侧结构和人才培养供给侧的融合，由中国人像摄影学会与国内知名高等院校建立行业人才培养战略合作伙伴关系，通过产教融合，培养大批儿童摄影行业高素质创新人才。鼓励儿童摄影行业独角兽企业，按照 2017 年国务院办公厅颁布的《关于深化产教融合的若干意见》精神，以独资、合资、合作等方式，依法设立摄影类职业教育培训学校，培养大批儿童摄影行业技术技能人才。由中国人像摄影学会发起，由中国人像摄影学会儿童摄影专业委员会、中国人像摄影学会专家与教育培训专业委员会执行，联合各省市人像摄影行业协会，举办各类中短期摄影人才职业培训班。

（四）加强行业自律，扩大行业交流

行业自律是指行业成员为规范行业发展，协调同行利益关系，维护行业间的公平竞争和正当利益进行的自我约束。诚信服务是行业自律的基础，针对儿童摄影行业存在的部分企业不诚信经营和不正当竞争行为，积极推动儿童摄影企业诚信守法经营。

首先，加强行业诚信宣传教育和培训，向全行业发出《优质服务诚信经营倡议书》，引导行业企业提高诚信意识；其次，加大诚信经营典型企业和个人宣传力度，营造守信光荣的行业氛围，曝光和抵制各类不正当竞争和欺诈经营行为，建立行业失信企业联合惩罚机制；最后，遵守中国人像摄影学会起草的《儿童摄影服务规范》，委托中国人像摄影学会儿童摄影专业委员会制定儿童摄影行业自律规则和行业道德准则，形成行业性约束和惩戒机制，规范行业发展秩序。

　　为进一步加强同业交流，促进行业发展，中国人像摄影学会作为行业组织应当发挥引领和桥梁作用。借助学会举办的行业品牌活动"中国儿童摄影行业发展峰会""上海国际儿童摄影展览会""成功之道·中国之行"等，为儿童摄影行业的从业者提供学习交流的机会。

第二章
儿童摄影行业发展市场概况

20 世纪 90 年代，随着中国大陆改革开放逐步深入和经济的快速发展，大陆城市居民解决完初级的温饱物质消费需要后，精神生活的消费需要开始涌现。中国台湾商人抓住商机，将已经在中国台湾风靡的婚纱影楼的经营模式和服务方法引入当时大陆经济最发达的上海等城市，获得巨大成功，此后婚纱摄影在全国如雨后春笋般兴起，风靡全国。到了 90 年代中后期，儿童摄影又逐步从已经相当成熟的婚纱摄影行业中分离出来，成为人像摄影行业的另一个主要类别。

在初始阶段，儿童人像摄影消费习惯在思想较为开放、进步且经济较为发达的上海、江浙一带零星出现。随着我国社会经济迅猛发展和生活观念的进一步开放，民众消费观念快速升级，儿童摄影迅速在东部沿海地区普及，并且以较快的速度向全国各地蔓延，儿童摄影业态开始发生剧烈变化。

初始的儿童人像摄影，还停留在婚纱摄影的模式和照相馆级别的小作坊、个体户的规模，只是在人像摄影中把婚纱摄影的结婚新人摄影对象变成儿童，儿童摄影只是人像摄影的"边角料"，整个儿童人像摄影行业发展较为缓慢和沉闷，模式固定，创新不多。随着世纪之交后互联网在中国内地的快速普及，整个中国社会民众的生活面貌发生了前所未见的改变，这使儿童摄影行业突然进入了一个闪电式发展的时代，并且以极快的速度在全国普及，各种形式上的创新层出不穷。

近年来，儿童人像摄影规模开始逐步扩大，有赶超婚纱摄影的趋势，成为了人像摄影的主要组成部分之一。随着 2010 年前后我国进入资本过剩时代，儿童摄影行业突然获得各种巨量投资，开始诞生一批规模巨大、服务专业的连锁摄影机构。随着互联网和移动互联网的发展，儿童人像摄影行业进一步创新，各种新业态蓬勃出现，拍摄题材深入儿童成长的全程。经过 30 余年的发展，中国儿童摄影已经成为中国人像摄影行业的主要组成部分。

一、儿童摄影行业的总体业绩

近年来，儿童摄影行业的总收入增长速度开始领跑整个人像摄影行业。根据中国人像摄影学会的综合分析测算数据，2017 年，中国人像摄影行业全口径收入约 3745.4 亿元，其中儿童摄影实现年产值达 620 亿元，营业收入占比 16.55%。2017 年，中国人像摄影全行业同比增长 18.2%，而儿童摄影增长达 26.3%，高出全行业增速 8.1 个百分点，成为全行业五大业态增速的第一名。

总体业绩指标继续上行的主要原因是儿童摄影业态创新迅速，创业企业快速增加，投资与创新双向拉动，行业服务产出能力持续扩大。

二、儿童摄影行业的企业数量

中国人像摄影学会的相关统计数据显示，2017 年中国儿童摄影企业总数达 9.2 万家。儿童摄影行业从业人员达 135 万人，比 2016 年略有增长，但不明显，行业从业人员自主创业势头明显，专业人员和高素质人才成为行业急需。

儿童摄影行业数量的区域结构方面，根据大众点评网 2017 年儿童摄影企业收录情况进行测算，2017 年全国各主要城市有一定规模的儿童摄影机构，数量为：北京 1360 家，上海 1023 家，天津 612 家，郑州 606 家，广州 547 家，成都 522 家，深圳 418 家，济南 445 家，西安 425 家，杭州 406 家，哈尔滨 374 家，武汉 334 家，南京 330 家，兰州 144 家，福州 107 家。

整个儿童摄影市场在 2017 年基本趋向饱和，各城市的儿童摄影市场也都竞争激烈，新开张的企业对市场的刺激，使得老店品牌优势渐渐不那么明显。更为严峻的是，传统大型婚纱影楼在巩固自己在婚纱摄影的地位后，纷纷把眼光瞄准了儿童摄影这一市场。

三、儿童摄影的区域市场分析

在我国东部地区，儿童摄影店已经经历过一波快速发展，门类齐全，特色店较多。由于东部地区市场经济发达，摄影师流动快，顾客大部分已经习惯用互联网选择优质的摄影机构，因此，儿童摄影店之间竞争激烈。大部分儿童摄影机构投入较大，但较为全面的竞争使各店效益不够突出，许多摄影店都推出免费、试拍等形式作为吸引客源的手段，然后在大量出片后，诱使消费者付费选择好的作品来获得利润。虽然市场竞争残酷，但顾客整体消费实力很强，对产品的质量要求很高，特别是在个性化要求方面，各种个性的消费要求层出不穷。在满足客户消费需求多样性方面，虽然各儿童摄影店也在推出各种差异化的服务，但其实能满足顾客需要的店不多。高档店和拍摄单一特色产品工作室相较大众店，有比较大的发展空间。另外，许多新的摄影需求也发端于这一地区，可以说这一地区的儿童摄影需求引导了我国儿童摄影的发展方向，推动儿童摄影向更高水平和更具个性特色的方向发展。

在我国南部地区，目前观察到的儿童摄影机构自有品牌占多数，发展情况从全国来看仅次于东部地区。除珠三角儿童商业摄影形态接近东部外，在其他南部地区，整个儿童摄影行业发展属于中等水平，但拍照比较有风格，特点突出。尤其大量南方地级城市，各儿童店基本靠特色求发展，苦心经营，但许多儿童摄影店相对追求自由发展，不太重视企业形象建设，规范的儿童影楼比较少，甚至大部分儿童影楼都没有统一的工装。不过，在南部地区也出现了不少自由儿童摄影师，以家庭作坊形式存在，而揽客主要依靠互联网以及消费者之间的人际传播。

在我国北方地区，虽然儿童摄影起步较迟，但儿童摄影影楼发展迅速，趋势较好，近些年也零零散散出现了各种摄影工作室和独立摄影师。但就目前来说，我国北方的儿童摄影市场形态明显依旧是影楼占主体，这些儿童摄影机构较为明显地存在着模仿东部地区早期影楼风格的特征，这也导致这些儿童影楼存在一些明显不足。首先是儿童店之间同质化严重，有特色的儿童摄影店少。其次是儿童摄影影楼规模都不大，通常总面积50~100平方米，单店生产能力较弱，整个市场也缺少较成熟的品牌店，各地未形成市场生产领袖。除此以外，目前商家是以降低价格为代价来争取客户。此外特别值得一提的是，许多影楼在服务上有很大的提升空间，尤其是相对东部和南部地区的儿童影楼来说，北方的影楼特别缺少服务意识，这也导致了该地区不容易出现特色产品服务和业者之间差异化竞争。

在我国中部地区，儿童摄影发展水平承接东部，与北方地区差不多，呈现出儿童摄影店较多，并且相对比较集中的状态。也许是和当地土地与商业成本有关，中部地区的大多数单店规模比东部、南部，甚至北方地区都要大，且经营也比较正规。从业者之间的竞争主要存在于影楼之间，个体摄影师较少，所以大部分影楼经济效益都不错。目前在中部各个地区，儿童摄影影楼正处于向上和快速发展阶段。此外，市场上也出现了连锁企业，较大的影楼通常在城市中开多家分店，管理规范，统一标准，而且注重服务，摄影师较为固定，流动性不大，影楼业主愿意对员工进行培训。同时大力使用各种营销手段，儿童摄影影楼有向集中、连锁和品牌建设方向发展的趋势，但也带来一些问题，就是各店创新不足，大连锁店之间同质化严重，很难形成差异化竞争。往往同一品牌的各店都使用同一套样照，提供相同产品，可以说创新不足，差异化产品严重不足。

在我国西部地区，由于人口密度较低，经济发展较慢，人们精神消费需求还不高，儿童摄影刚处于起步阶段。在这一地区，儿童店数量少，而且受限于当地经济情况，经营状况也一般。目前各店还处于个体作坊模式，尚未出现大型影楼或者连锁摄影店。总的来说，儿童摄影发展单一，业态较小。个别儿童摄影店做得尚可，但尚未到发展成大型影楼的阶段，总的来说，整个市场发展的空间还很大，摄影店可以学习和进步的地方还有很多，较有潜力。

四、儿童摄影行业市场供需分析

（一）儿童摄影行业市场需求和消费情况分析

根据行业市场规模及行业企业平均价格估算，我国儿童摄影消费人次在2012~2017年逐年增长，2010年我国儿童摄影行业消费人数为2229.66万人，而到2017年则增长到3538.86万人。过去五年间，儿童摄影消费呈平稳增长的态势。同时，还向儿童用品、儿童教育等方向延伸或产生横向合作。

在儿童摄影消费方面，中档品消费增长较快，高档品消费出现下降；大城市市场发展平稳，但稳中有降；中小城市市场明显扩大。因儿童成长变化快，消费者存在多次消费的心理，希望能够随时记录孩子成长历程，多次消费儿童摄影产品和服务的情况明显，所以在消费过程中，对消费者摄影产品和服务的选择较为理性，低价和中等价位的产品组合较受市场的欢迎。

此外，随着互联网和移动互联网的发展，各儿童摄影机构摄影风格、技术水平、产品价格等变得透明，消费者不仅关注这些问题，也关注拍摄全程的服务（如前期沟通、摄影师对孩子的态度等）以及产品附加价值等。

在未来，由于消费者消费观念的改变，中等价位的产品仍将是市场中主流的选择。近年来流行的新生儿摄影、孕妇写真、亲子写真等产品，将成为未来儿童摄影行业新的经济增长点。

（二）儿童摄影市场供应情况和盈利能力分析

由于我国各城市儿童摄影机构数量众多、规模结构各异及分布广泛，并且存在一部分大型儿童摄影机构，它们能进行流水化作业以及提供大量服务，所以整个儿童摄影行业的供给非常充足。

但随着行业逐步迈向成熟，各儿童摄影机构提供的产品同质化问题严重，尤其提供的服装、道具、主题、拍摄风格、服务、图像后期加工等方面的差异越来越小，导致服务利润下降，行业竞争加剧。加上人力成本、物业和各种其他成本的增加，行业总体营业收入增加的同时，却出现利润率下降的情况。

近几年儿童摄影相关的价格有所下降，其均价由 2012 年的 925 元/次下降到 2017 年的 748 元/次。儿童摄影这个行业划分越来越细致，部门也越分越多。行业的细分导致运行成本增加，战线拉长，利润空间自然随之减少。近五年来儿童摄影相关服务均价下降的主要原因有以下两点：

1. 整体行业生产规模扩大

婚纱摄影行业竞争激烈，使得一部分机构转型投入了儿童摄影行列，此外，随着行业摄影技术壁垒的逐渐降低，个人工作室形态的儿童摄影服务提供者越来越多，越来越多的人投入到儿童摄影行业中。从业者为了获客，不惜通过降低价格来进行促销，团购盛行，这使得在 2012~2017 年，我国儿童摄影相关产量有所增加，但行业产品均价有所下降。

2. 消费者消费观念变化

我国儿童摄影相关行业价格与消费者消费观念变化关联紧密。2012~2017 年，我国消费者生活水平提升，并且市场上专业拍摄技术也在不断进步，同时设备价格走低，这使得各种专业设备走入寻常百姓家，越来越多的人选择以自有设备为孩子进行日常的记录式拍摄，儿童摄影消费者消费观念的变化对行业影响较大，导致行业均价下降。

第三章
儿童摄影行业发展商业模式

一、儿童摄影市场发展动因和潜力分析

儿童人像摄影近年的崛起离不开物质经济的发展、精神消费的需求旺盛，以及互联网尤其是移动互联网的发展，这些因素共同推动着儿童人像摄影领域的快速发展。儿童摄影市场虽然竞争激烈，但仍具有相当大的发展前景，究其原因主要包括：

1. 市场购买力提高

随着中国经济的高速发展，加上受中国生育政策的影响，使得家庭少子化、老龄化现象加剧，儿童越来越成为家庭生活的核心，儿童影像几乎成为长辈精神的生活必需品，儿童照片也需要随儿童长大而定期更新。婴幼儿和儿童已经成为家庭消费的重点，从纸尿裤到学区房，从奶粉到补习班，围绕儿童的消费已经是家庭消费中坚。同时随着各种社会投资资本进入，个人消费能力提升，新的摄影器材涌现，整个摄影业态供需两旺。

2. 摄影观念不断更新

人像摄影由证件照发展到家庭合影再到纪念照。纪念照更是观念更新快速，目前针对成人市场的婚纱摄影、个人写真竞争激烈。但儿童摄影市场却有很大的发展空间，许多家庭逐渐养成用照片记录孩子成长过程的消费习惯。举例来说，从孩子没有出生就开始用影像记录，比如拍摄孕妇照，现在还有人专门拍摄产房照，孩子出生的照片更是能随电子产品普及快速传播，

通常一个新生命的影像记录，瞬间就占满整个家庭的展示屏幕。随孩子成长，新生照、满月照、百日照（个别家庭甚至在拍摄每日照）、周岁照、生日照，孩子成长的各个瞬间照片层出不穷。可以说，儿童摄影行业的经营、管理理念和营销手段不断提升让儿童摄影真正地从婚纱摄影的分支变成了有创新、有概念的独立产品，从而得到了新时代消费者的认同。

3. 互联网时代信息快速传播

移动互联网的普及与高频使用，使得通过互联网定制各种儿童摄影服务也变得轻松容易。人们可以先产生消费需求，再通过互联网寻找全域范围内的服务提供商，几乎不受任何客观因素的限制，而且具有即时性。在各种互联网应用的普及下，儿童摄影消费的人数达到了前所未有的高度，而这种新的消费形式也很容易被模仿和传播扩散。

4. 微信、微博、QQ 等各种社交平台兴起

微信朋友圈的井喷式发展，让原本生活较为自得的人养成了分享、了解和比较的习惯，其中一个非常重要的生活习惯就是"晒"，"晒娃"又是最普遍的一种。"晒"让一个人的生活体验经过传播之后变成很多人共同的生活体验。而且，随着中国经济发展，家庭电子设备数量增多，绝大多数家庭不只有电视，还有台式电脑、笔记本电脑、平板电脑，以及手机等。这些家庭电子设备中几乎全部存储了儿童人像摄影产品。

此外，在互联网科技的影响下，儿童人像摄影技术观念产生巨大变化，大量资本进入摄影行业，使影楼开始由小作坊式向企业集团化整合，经营多元化加速，连锁企业发展加快，儿童摄影的产品细分市场凸显，各种特色主题产品迭出，从早期的儿童生日纪念照，到现在的儿童肖像照、儿童娱乐摄影、家庭亲子摄影、家庭旅游摄影、教育文化摄影、儿童商业摄影、私人定制、个性服务，都有创新；从孕妇照到新生儿照，到儿童成长照再到在校学生的摄影主题照，甚至毕业集体照；从家庭生活照到外出旅游活动照，各种不同摄影情境和门类的发展也使儿童摄影在未来人像摄影市场中占有的比重越来越大，在未来市场发展中拥有更大潜力、更好前景。

基于以上原因，儿童人像摄影在未来几年依旧具有快速发展的广阔空间。

二、儿童摄影市场主体的类型及特性分析

儿童摄影市场的产品有各种类型的提供者，因为儿童题材不仅可以在室内固定影棚拍摄，也可以在室外自然光下拍摄，并且可以取得良好的拍摄效果。因此，进入行业的投入资金不需很多，甚至无须固定营业场所也可以提供相应服务，这从根本上降低了入行门槛。一些个人工作室和合伙人形式的小规模儿童摄影店也涌入市场分一杯羹。从个人摄影工作室到团队作坊式儿童摄影店，再到专业的儿童摄影影楼以及大型连锁儿童摄影机构，儿童摄影市场的主体类型众多。

1. 儿童摄影工作室

摄影工作室，特指进行摄影以及相关工作的场所。一般是由一个人或者几个人建立的组织，形式多种多样，大部分工作室具有公司模式的雏形。许多工作室是为了同一个理想、愿望、利益等而共同努力的集体。一般没有资金或精力进行企业注册，员工较少，常以工作室的名义存在。

个人摄影工作室是近年来涌现的一种儿童摄影服务的新业态。这类工作室规模很小，有时全部工作仅由一人完成，摄影师本人就是一个队伍，拍摄的同时身兼客服、后期制作人、营销推广人和会计等多种角色。个人摄影工作室多由一些影楼出身的摄影师或者有一定拍摄功底的摄影爱好者主理，由于是单一摄影师拍摄作业，作品风格和拍摄水准比较稳定，部分作品效果佳的摄影师，在提供服务时与客户进行沟通，容易让顾客产生亲切感，就像是朋友在给自己拍照似的，容易得到消费者的认可和信任，从而得到好的口碑，并且以此获得回头客和新的客源。

个人摄影工作室运营费用低，在移动互联网普及、口碑传播盛行的时代，甚至无须营销管理的投入，工作室容易打理。这类工作室一般提供外景拍摄，拍摄所需服装道具在摄影师与儿童家长沟通后，由儿童家庭自行携带，因此这类工作室无须固定场地、场景布设、道具采买、房租以及水电方面的投入，利润率较高。

此外，个人工作室运作相对灵活，可根据市场情况灵活设置拍摄套系供客户选择，同时可以提供上门服务，以及根据拍摄儿童的家庭的情况，提供长期跟踪服务。在拍摄技术和服务被认可后，更可与被拍摄家庭建立长期合作关系，成为家庭固定摄影师，以此降低获客成本和沟通时间成本等。

个人工作室的缺点表现为：顾客消费价位较低，市场竞争能力较弱，因服务规模所限，总体利润很难有突破。现有的小型儿童摄影工作室目前只有少部分转向企业化经营，扩大了经营面积及规模，走上了正规管理经营模式。

个人儿童摄影工作室中有一部分小作坊式儿童摄影工作室。这类儿童摄影工作室有固定经营场所，但规模和经营面积依然不大，装修比较简单，多半在一些小区内或是非核心区街道上，工作人员一般控制在2~5人，有很多是夫妻店。儿童摄影拍摄类别方面，此类工作室兼营室内拍摄和外景拍摄，棚内布景风格比较简单，或沿袭早期照相馆模式，或走小众精致化路线。工作室成员一般比较年轻，基于有效的组织架构，这类小作坊具有较好的适应能力和积极高效的应变能力，很多小团队具有创造力和生命力，也能满足一部分个性化需求，但因为缺乏资金优势，不可能依靠大规模的广告宣传提升知名度，而且受到规模限制，依旧没有特别高额的利润。此外，工作室做好做大以后，如何管理一个更大规模的团队，是工作室面临的一大挑战。

2. 中型儿童专业摄影影楼

随着市场需求的不断扩大，小型儿童摄影工作室已经不能满足市场需要。一批具有专业器材和一定规模的中型影楼出现。这些影楼主要以棚拍为主，在推出拍摄套系组合时，强调选择儿童拍摄服装道具和使用不同的拍摄场景，在装修和主题设置中逐渐加入了实景模拟式的场景，如厨房、儿童房、卧室、洗澡间等，力求在拍摄中让儿童感受到像是在家里玩耍，以拍摄出自然状态下的儿童照片。

中型儿童影楼面积在200平方米以上，工作人员有10人以上，业务分工规定和管理制度也基本具备，业务内容趋于专业化，拍摄内容涉及各个年龄段的儿童，包括婴幼儿和少年儿童，主要的顾客群体为中档消费顾客。

在儿童摄影从人像摄影分离出来的初期，中型儿童摄影影楼市场竞争力不大，各个店占有自己的市场，很多店以品质取胜，同时能提供较多组合套餐供消费者选择。我国目前有大量工薪阶层，他们对儿童摄影的理解和需求相对简单。而中小型影楼的经营和定价可以满足大部分客户群，用他们能接受的价格，提供能满足他们需求的摄影产品和服务，这也足够让它们得以生存和发展。

但是中型儿童摄影在影楼行业整体竞争中优势不大。首先，在价位上不占优势，与个人工作室和小型作坊式影楼相比价位相对高，和大型影楼比，由于资金和条件所限，拍摄设备、场景布设、管理服务、品牌建设和营销推广方面难以获得优势。

3. 大型连锁儿童摄影机构

大型连锁儿童摄影机构很多是由十年前的儿童摄影中小机构不断累积发展而来，也有部分初创机构，在建立伊始就带着全新理念和互联网思维切入行业竞争。此外大型婚纱影楼对儿童市场的投资加剧了市场竞争。婚纱影楼转投资儿童影楼拥有以下理由：他们早期服务的新人群体，大都有了自己的小孩；越来越稳定的婚纱摄影市场让他们积累了一笔财富无处投资；他们拥有比传统儿童影楼更强势的营销和策划能力。

大型连锁摄影机构采用影楼模式实现流程上的绝对分工，最大程度上释放每个环节角色（包括销售、引导、化妆造型、摄影师、后期制作师）的产能，以实现投入和产出、成本和利润的最优配置。同时强调拍摄的品质和服务的品质，力求打造高档次的专业儿童摄影服务机构。这类机构的业务层次也比较多，往往包括儿童到店拍摄、上门拍摄、全家福和亲子拍摄、孕照拍摄等，同时还强调异业联盟，联合儿童服务、儿童教育等各种商家共同赢取市场关注。

大型摄影机构资金雄厚，因此拥有齐全的设备，摄影师数量多，拍摄场景更为丰富。一些影楼针对不同的儿童需求建立不同的场馆，如欧美馆、韩风馆、中国风馆、王子公主馆等，通过推出和不断更新不同的主题场景营造不同的氛围，满足消费者的个性化需求。

一家大型影楼，节日期间每天能接待客流量高达100人次以上，平时约在60人左右。能提供从百日照、满月照到儿童写真的儿童全年龄段拍摄，目标消费群是从出生30天到十几岁的孩子，有些影楼把怀孕的准妈妈也划成目标消费群。影楼供消费者选择的拍摄套系有几十种，价格从几百元到上千元，贵的可达5000元以上。而1000~2000元的套系因价格适中、场景丰富，最受家长青睐。大型影楼由于追求市场领先的地位，在产品和服务方面都有较大投入，成本较高，一般存在于经济发达的省份和地区。随着市场整合力度的加大，连锁的形态也出现并蓬勃发展，总体发展前景较好。这种类型的儿童摄影机构的优点为：规模大，资金雄厚，经得住市场冲击；产品齐全，服务管理水平好，能够根据市场情况及时做出反应和调整，有能力抓住高消费群体。其缺点主要为：人员流动性相对大，拍摄程式化，容易造成雷同。

三、儿童摄影 O2O 模式

O2O 模式是伴随着互联网普及及快速发展、通信业发展、带宽代际扩容而发展的。我国的儿童摄影 O2O 经历了两个主要发展时期。

在早期 1.0 时代，儿童摄影 O2O 主要是指线上线下初步对接。大部分影楼、工作室或者个体摄影者，主要是利用便捷的线上推广把有儿童摄影消费需求的用户集中起来，然后把线上的流量引导到线下，这一时期的儿童摄影 O2O 主要领域是团购或者促销。这一时期的儿童摄影消费产品通常采用工业订单的形式，主要是推出套餐，消费产品之间差异性不大。在这个阶段，儿童摄影消费存在单向性强、黏性较低等特点。平台和用户的互动较少，用户线上购买套餐，线下交易或者完成支付。大部分儿童摄影的消费者，受价格因素驱动明显，消费产品共性明显，个性不足，导致购买和消费频率较低。

随着互联网发展，儿童摄影 O2O 发展到 2.0 阶段，儿童摄影消费 O2O 基本上已经变化为淘宝模式，具有各种淘宝的要素。这个阶段最主要的特色就是服务性电商模式，包括儿童摄影、下单、支付等流程，把之前简单的电商模块，转移到更加高频和生活化场景中来。由于传统的儿童摄影服务业一直处在一个低效且劳动力消化不足的状态，在新模式的推动和资本的催化下，出现了儿童摄影 O2O 的狂欢热潮，各种新生态的儿童摄影服务层出不穷，各种创新和个性产品纷呈迭现，如上门拍摄，跟拍等服务也随之出现。

儿童摄影 O2O 极其火爆，很多公司也看到这个商机，不少公司曾尝试做摄影 O2O 平台，把分散在淘宝中的人像摄影个人或机构集中起来，给消费者和摄影服务提供者搭建一个平台，给消费者更多的选择，为其提供性价比更高的服务，从供需两个方面同时着手强化也给摄影服务提供者带来更多更集中的用户，从而带来更丰厚的收入。但从实际情况来看，大部分先行者都没有成功，即便互联网大公司网易做过的摄影 O2O 平台——"大像"App 也已经失败，大像 App 已从手机应用市场下架了。这就使人像摄影 O2O 止步于 O2O 的第二阶段，没有像其他 O2O 服务（如饮食业的饿了么、美团；打车业的滴滴打车，神州专车）一样顺利进入第三阶段。

摄影 O2O 发展止步不前的主要原因，归结起来，有以下几点：

首先，儿童摄影相对婚纱摄影这种人均一生一次的消费来说，虽然是摄影商业服务中最高频度的消费，但在日常生活中依旧是个低频低关注的消费需求。儿童摄影不像一日三餐的饮食需求，大部分的日常儿童记录拍摄以手机拍摄为主，而不是频繁地去寻求专业摄影服务，除非是在极少的、重要的、极需纪念的人生时刻。

其次，儿童摄影服务难以标准化，儿童摄影和其他人像摄影一样，是很难去细化评价优劣的，或者说服务评价非常个人化。而 O2O 的核心要义之一就是打破信息不对称，让所有服务提供商在平台上比价，比服务和产品质量。但个人摄影服务难以标准化。

以标准化会带来很多问题，独特的评价和社会化流水线产品是不匹配的，是互联网前时期的工匠形式，不太适合 O2O 这种相对标准化流程的市场形态。

再次，摄影服务是需要展示照片的，而且这些展示的照片都是像素极高的大图片，而 O2O 通常都是在手机上运行的 APP，手机展示先天不适合像素极高的大图片，这些图片在手机上只能以简略图的形式呈现，大大降低了照片的艺术性和观赏性。

最后，摄影人才流动性过大，O2O 平台也面临同样的问题，O2O 平台对自由摄影师的管理成本较高。相比较美团和滴滴打车平台这种衣食住行类的 O2O 平台来说，一个司机离开滴滴打车平台，估计很少用户会主动给他打电话约车，一个食客，也不容易主动给一个餐饮店打电话订外卖，而一个优秀自由摄影师离开了一个 O2O 平台照样在各种其他互联网平台活得如鱼得水，或者在线下开个人工作室接拍熟悉的客户。也就是说，同样作为市场的劳动力方，自由摄影师对O2O平台的依赖远低于司机和快餐店。

国内目前主要的O2O平台有：

1. 爱易拍

爱易拍初期是以婚嫁摄影为主要业务，然后快速延展到亲子儿童拍摄，横跨旅游、写真。由巴多创办。爱易拍运营模式和去拍啊大同小异，是与各地影楼、工作室、个体摄影师合作，通过用户在线下单，然后进行产品定制、拍摄、收货评价。

2. 约拍

约拍早期定位是一家个性化摄影服务企业，2015年转型成一家专门提供亲子拍摄的O2O企业，并获得天使投资。约拍商业模式是预订、选片、确认精修到送货上门的一站式在线服务。

3. Onlylover

Onlylover是国内上线比较早的一家婚纱摄影O2O企业，创始人吴思，是一家淘宝式自由消费、网站第三方托管费用的人像摄影网站。

4. 童颜有迹

童颜有迹创始人是前纽曼全国市场总监、社区O2O比邻网创始人叶宇，其技术合伙人来自阿里巴巴。与Onlylover类似，童颜有迹也是采用了组合套餐的定价方式，在售后服务上采取标准流程。但与其他的亲子拍摄不同，童颜有迹发力于预约上门服务拍摄。

5. 约拍啦

约拍啦是由鸿憬投资董事长罗斌创办，定位于互联网摄影，网站采取与摄影师合作，让用户自由挑选的方式完成摄影。

6. 婚伴

于2014年8月上线运营，其隶属于阿里巴巴本地事业部，脱胎于原来淘宝线上的婚庆平台。婚伴目前着力各个旅游城市的旅游式婚纱拍照，目的是吸引全国的工作室和摄影师加入，模仿淘宝吸引各种商品卖家，而平台则争取在引进摄影企业上适当把关，尽量引进规范企业，从而推出个性化套餐拍照服务计划。

7. 约约

约约目标客户相对单一，是一款为模特打造的摄影服务企业。约约采用客户（即模特）发起拍摄需要，由摄影师通过线上邀约的方式完成拍摄。

8. 月亮盒子

月亮盒子与其他的摄影 O2O 企业模仿淘宝不同，月亮盒子的母体是模仿了爱彼迎（Airbnb）的模式。由月亮盒子提供平台，签约入驻摄影师，摄影师根据自己的空闲时间以及客户的需求，自由完成拍摄计划。月亮盒子的人像摄影方式是摄影师与客户自由讨论选择。同时，为吸引更多客户，月亮盒子也提供线下影棚的选择。

9. 嫁拍

嫁拍模式也是淘宝模式。将摄影师和用户都引到嫁拍上，给予双方最大的自由度相互选择。

总而言之，摄影 O2O 从 2014 年开始，2015 年快速爆发，迎来一大批天使投资，但经过 2016 年和 2017 年两年的发展，这些 O2O 平台大都折戟黄沙，销声匿迹。所以，未来人像摄影的 O2O 平台在解决摄影师管理，解决标准化评价之前，估计难有大的发展或者作为。O2O 模式，不容易成为摄影企业决胜互联网的关键。

四、儿童摄影互联网连锁经营

连锁（Chain 或者 Regular Chain），又称在营连锁、公司连锁、多店铺连锁、多支店连锁。美国商务部将其定义为：由总公司管辖下的许多分店组成，往往具有行业垄断性质，利用资本雄厚的特点大量进货，大量销售，具有很强的竞争力。国内普遍认为，连锁是指投资创业者使用某一品牌，在品牌旗下进行店面的加盟。国内的连锁商业模式分为直营和加盟等多种形式，店面分为直营店和加盟店。而直营店和加盟店的核心区别则是是否是同一资本开店。

加盟连锁与直营连锁的区别是：第一，产权关系不同，加盟连锁和主体之间是合同关系，即非同一资本开店。各个特许加盟分店资本、盈亏都是独立的，与总公司没有资产之间的关系。第二，法律关系不同，加盟连锁中的分店（特许连锁店）与总部（特许人）之间的关系是合同关系，双方通过签订具备一定条件的特许经营合同明确相互关系、权利和义务，利润分配和信息流向。第三，人事关系不同，通常特许连锁店的人事关系独立，特许连锁店经理通常不是总公司雇员。对各个加盟店，特许人（总公司）无人事权。目前国内儿童摄影连锁企业众多，通常采取直营和加盟模式，以迅速抢占各城市市场，形成品牌的规模效应。

直营连锁店和特许加盟连锁店的三种主要区别，决定了直营连锁店与加盟连锁店相异的优缺点。

直营连锁企业的优势：可以有效地统一调动人力、财力、物力，统一经营战略，统一开发，可以有效形成合力；在信息、采购、物流配送等方面容易发挥节省成本的优势；依靠功能集中化，可为企业提供重要的经济优势。充分利用自我服务方式提高销售效率，从经营的商品中获取一定的利益，以达到批量销售低价商品的目的。如利用总部集中大批量进货，容易开发稳定的供货渠道和获得一定的折扣，以达到减少管理费用、降低经营成本、以较低价格出售商品的目的，这是独立零售店所不具备的优势。

直营连锁企业的劣势包括：直营连锁每开一家分店，都需要自有资本，显然在扩张和发展速度上会较慢；此外连锁规模也很难快速增大，需要庞大的自有资本，发展速度和规模受到限制；分店没有独立性，就丧失了创造性、主动性；各分店没有差异性。分店是集团的一个零部件，通常不能对分店所在小市场做出能动反应；直营连锁公司一旦发展壮大到一定程度，管理成本会迅速增加。

而特许加盟企业很像直营连锁企业的镜像，两者的优缺点正好相对。特许加盟企业的劣势，正是直营连锁企业的优势，如：不能有效统一调动人、财、物，不能统一经营、统一开发；不容易形成合力；不容易在与外界交易中取得更多话语权；人才流动难，没有培养人才的积极性，也不容易推广新技术、新产品；由于财权独立，信息、采购、物流等都自发独立，不容易形成合力，总成本较高；等等。

但特许加盟企业有其特殊优势：由于不需要自有资本，开分店的速度惊人，很容易扩张；各分店独立性极强，自主性很大，分店经理通常就是该店的所有者，利益攸关，创造性、主动性极大；分店经营的积极性很大，也有很大的差异性，甚至会出现同一街区有两家分店，但两家分店差别巨大的情况；各分店极容易对当地市场做出快速反应，管理成本较低。

由于直营连锁企业和特许加盟企业的优缺点不同，不同的儿童摄影企业在选择连锁方式上采取了不同的经营模式。而互联网时代，让连锁经营从线下实体蔓延到线上。

五、儿童摄影大数据平台运营

大数据（Big Data），是指无法在可承受的时间范围内用常规软件工具进行捕捉、管理和处理的数据集合，是需要新处理模式才能具有更强的决策力、洞察发现力和流程优化能力的海量的、高增长率的和多样化的信息资产。

"如果说 20 世纪是一个石油为王的时代，21 世纪就是一个数据为王的时代，21 世纪数据的价值等同于 20 世纪的石油。"这是中科院计算所所长孙凝晖在 2012 年的论断，这个论断经过几年发展已经逐渐得到市场和时代证明。尤其在 2017 年以后的商业市场，由于高速移动互联网的普及，各行各业纷纷进入"互联网+"时代，儿童人像摄影行业也不例外，只是儿童摄影的互联网化程度较低，对大数据的应用还处于起步阶段。

IBM 公司把大数据概括成了三个 V，即大量化（Volume）、多样化（Variety）和快速化（Velocity）。大数据通常与 Hadoop、NoSQL、数据分析与挖掘、数据仓库、商业智能以及开源云计算架构等诸多热点话题联系在一起。从这个数量层面来说，现有的儿童摄影虽然图像数据数量可能已经达到大数据这个级别，但这一数据对儿童摄影企业来说，相当于需要饮水的人看见大海，都是咸水，毫无用处。已经被开发应用的，通常是儿童摄影企业的客户数据，但这一数据的数量级准确说根本够不上"大"。

儿童摄影企业对数据的应用不足的原因有以下几点：

第一，早期的儿童摄影企业，都有传统企业基因，甚至部分从业者是改行的摄影师，摄影师所生产的产品，其实和古代手工业者类似，根据自己的艺术感觉、技术实践从事手工业产品的生产。至于摄影从胶片走向数码，对摄影师这种手工业者来说，只是原始锯、钻变成电锯、电钻，手工业者的生产特性并没有改变。大数据时代已经跨过田园时代、工业时代进而达到信息时代。也就是说，这些儿童摄影传统企业，不具有互联网企业基因，对数据使用既不敏感，也没有能力使用。

第二，儿童摄影企业规模较小，甚至大量处于个体经营店或者小作坊时代，因此累积的数据少，甚至一些商业数据几张纸就打完了。数据如此之少，无法进行大数据级的应用。

第三，数据利用极其单一，目前儿童摄影企业仅在"互联网营销"方面对数据使用较为成形，但这一营销方式相对也非常初级，远未达到定点精确营销。

第四，数据挖掘能力低。同一数据，被使用得非常粗浅。事实上，大数据竞争本质是定制化、差异化、个性化。

对儿童摄影企业来说，关键不是有没有数据，而是怎么利用数据、评估数据、挑选数据，这就有点像淘金沙[①]，从这个角度来说大数据并不在于"大"，而在于"有用"。

而目前儿童摄影企业，还在这个原始的大数据应用阶段，如何利用、挖掘这些数据成为企业发展、赢得竞争和利润的关键。

在当前"互联网+"和大数据的元年或者说婴儿阶段，数据对儿童摄影行业的价值可体现在以下几个方面：

第一，可以利用大数据对大量消费者进行儿童摄影的精准营销。

第二，向长尾模式企业发展，做小而精的中长尾企业，发展个性化甚至小众的儿童摄影，利用大数据做服务转型，寻找新的市场空间。

第三，实现儿童摄影企业的快速互联网化，将服务、产品甚至商业模式统统互联网化。

---

① 沙金矿多形成于低洼处，是上游岩石含有金矿化带或金矿脉或金矿床，经过风化、剥蚀、搬运、沉积而形成的沙金矿床。沙金与原生金没有什么差别，都要经过提纯。最早简单的开采是靠人工，把表土挖掉，挖到沙砾层，然后用淘金盆拿到水里淘洗，由于金比重大，会沉淀在底下，这些金光闪闪的东西就是沙金。

第四章
儿童摄影行业发展创意融合

一、儿童摄影细分市场的创意

（一）针对不同拍摄对象的拍摄创意

1. 孕妈照的创意拍摄

拍摄主要包括孕妇的个人写真、孕妇婚纱照、孕妇与准爸爸的合影等。拍摄的时间最好选择怀孕七个月之后，九个月之前。画面强调温馨幸福，露出圆鼓鼓的肚皮或在肚皮上画一些彩绘，主要为了突出准妈妈们高高隆起的腹部和幸福满足的表情。

孕期照片对于客户的意义是记录，是艺术，也是疗愈。处于孕期的女性，通常会感觉疲惫、不适，身体有变形甚至发胖明显，在精神上并非处于最佳状态。因此，通过关怀和体贴式的服务，帮助她们克服种种焦虑和顾虑，放下包袱，记录下生命中重要时刻，展示孕期的特别之美。

2. 儿童照的创意拍摄

儿童照拍摄要重点把握好儿童成长不同阶段的特征，如好动、模仿、探索等特点，结合特定的主题和情景突出拍摄主题和儿童的天性。

3. 亲子照的创意拍摄

客户的需求在发生很大的变化，"70后"和"80后"的父母有自己的需求，他们开始追求个性化的审美，希望拍摄出具有独一无二风格的照片。现在"90后"也开始为人父母，这一代爸爸妈妈的思想更为新潮，接受新观念和新事物的速度更快，他们能独立思考，积极参与拍摄。在拍摄儿童的同时，他们也强调自己入镜，拍摄出家庭的亲密时刻，同时他们在意自己的形象，希望摄影师把自己拍得好看。

当前亲子照主要分为母子类、母女类、全家福这三种类型，拍摄突出温馨甜蜜幸福气氛。多数家长在拍摄儿童照时喜欢采用亲子拍摄这种方式，将家庭成员此刻的温馨画面定格，成为若干年后最有意义的美好回忆。

（二）针对不同年龄阶段儿童的拍摄创意

1. 新生儿、满月和百岁婴儿照

新生儿摄影是指给刚出生 5~12 天的宝宝拍摄照片，这个时间段的宝宝较为接近胎儿状，睡眠充足，身体柔韧性好，适合给他们设计出各种各样的造型，能够完美记录他们最初的样子，新生儿拍摄多数以拍摄宝宝睡觉时候的模样为主。由于新生儿身体脆弱以及出门不便，并且需要尽量避免闪光灯拍摄，因此多采用上门服务的模式，由摄影师或摄影团队把专业的服务带到客户家中，在儿童熟悉的环境中搭建拍摄场景，以达到更好的拍摄效果。在拍摄方式上，新生儿需要摄影师有足够的耐心和安抚技巧，对专业性要求比较高，新生儿摄影作品往往让人感受到新的生命的美好。

满月和百日照大多拍摄宝宝可爱的状态和表情，画面表现较为生动活泼。相比新生儿拍摄，满月和百日照的主题风格和布景设计会更加丰富，并且拍摄百日照作为一种祈福性的民间传统，已得到多数父母的认同。

儿童出生第一年成长变化速度快，这也是父母最希望给孩子留下影像记录的时段，拍摄的最佳时期一般是两周内、半岁（儿童会坐但还不会爬行）、周岁。据此，新生儿拍摄可以组合成各种成长套系，以便鼓励回头客，维护成本相对较低。最初级的套系一般包含新生儿拍摄，外加周岁前的两到三次拍摄。套系的价格一般包含每次的拍摄费用、冲洗费用和整理所有照片的费用。

2. 2~6 岁儿童照

2~6 岁儿童活动范围逐渐增大，精力充沛，除了传统影楼棚内拍摄，户外选景拍摄，让儿童在户外自然环境中一边玩耍探索一边拍摄成为近年来受

市场欢迎的形式。

外景拍摄，顾名思义就是一种远离影棚进入户外环境的拍摄方式，外选景的范围更广，题材更丰富，拍摄地多数选择公园、海滨、水岸、景区等外景地。外景拍摄与内景拍摄差别很大，更贴近自然、更清新唯美、更具有独一性。户外拍摄的景色真实自然，孩子与自然和谐共处，在自然环境中玩耍或与家人互动，拍摄更能表现儿童的天真自然和可爱。

3.6 岁以上儿童照

一般小孩 6 岁以后生活重心有了很大的改变，除了在家中，孩子们会花更多时间在幼儿园和学校里。这时候班级以及群体活动拍摄可以是儿童摄影的新主题。6 岁到 10 岁的儿童，在这个阶段更注重的是群体的归属感和认同感，采用同伴中流行的服饰、造型和动作来进行拍摄，可达到更好的效果。

10 岁到 12 岁的儿童处于渴望长大的阶段，对大人具有强烈的模仿意识，利用这种特性，可使用偏向成熟的主题风格，满足其独特于其他人的需要。此外，在这个年龄段的拍摄中，主题拍摄和简约风拍摄受到家长的欢迎。

二、儿童摄影主题创意

（一）韩式田园风格

韩风在中国的流行时间并不长，但因其独特的色调颇受市场欢迎，其特点是饱和度比较低，但画面明度很高，整体画面给人以清新的感觉。

韩式田园风格以"回归自然、简单朴实"为设计理念，运用带有乡村艺术气息的元素进行布景，以大自然的颜色为主要色彩，采用大地色、褐色、绿色、奶油色等，体现人与自然环境的有机联系，突出淡雅柔和、悠闲舒适的风格。

（二）韩式海滨风格

韩式海滨风格以大海、蓝天、沙滩等进行布景及动作设计，以凸显淡雅清新风格，同时结合孩子的童真童趣，给人以活泼自然、舒适宁静的感受。

(三) 炫酷科技风格

这是一种将摄影与科技风比如变形金刚等科技电影结合进行设计，同时运用 VR（虚拟现实技术）、高清投影、视觉装置等方式，创造更为真实并且吸引眼球的儿童摄影模式。利用男孩子喜欢炫酷和科技的特别心理，可将拍摄设计成冒险探险类系列故事，更具科技前沿性。

(四) 欧陆风情轻奢典雅风格

以欧式元素为拍摄基础，用简单的线条、淡雅的色彩、恰到好处的装饰呈现与古典风格不同的布景格调，在保持简约洗练的前提下，采用极富欧洲古典风韵的经典元素，配合欧式复古服装，运用自然光和混合光，结合特定优雅的动作与仪态，使儿童摄影呈现出"休闲式的浪漫"，并且给人以高贵大气又不失随性舒适之感。

(五) 中国民俗和特色风格

中国风主题拍摄近年来受到市场的追捧。中国风拍摄综合运用中国特色元素，如手工刺绣、汉唐服饰、长袍马褂、新式旗袍、剪纸灯笼等中国传统元素符号进行拍摄，利用古色古香的中式建筑以及中国园林等自然风光作为外景，或者搭建中国风内景完成拍摄。此外，在古装剧受到广泛喜爱的当下，儿童古装拍摄也成为儿童摄影的新角度。

(六) 特色电影和儿童剧 IP 风格

将儿童摄影和热门电影、儿童剧 IP 相结合，进行造型设计和动作设计来拍摄，主题如汪汪队立大功、爱探险的朵拉等。常利用虚拟技术进行场景模拟，注重光线的方向以及质感，并让儿童进行经典动作模仿，经典情景还原。

(七) 迪士尼儿童动漫风格

结合迪士尼畅销电影，如《疯狂动物城》《冰雪奇缘》《玩具总动员》等电影，将电影中的动漫形象以韩式造景手法简化，并更好地衬托和突出人物，将原片浓郁的原色以韩风的基调调和，创造系列场景。

（八）儿童职业扮演风格

通过模拟社会环境，在各种摄影主题体验馆，通过让孩子扮演成人职业角色，进行各种的抓拍，儿童感情自然流露，生动活泼。通过这样的职业扮演，体会工作艰辛和父母辛劳，使之感恩父母，并且在玩乐中树立职业理想，规划自己的未来。

三、儿童摄影拍摄手法创意

（一）广角人物拍摄

广角镜头具有许多有特色的表现效果。一是拥有宽广的视角，可以将风景全部收进画面中；二是可以分近景和远景，强调远近感；三是和长焦镜头不同，广角镜头的景深较深，可以使近景和远景都处于合焦范围，利用透视营造更强的视觉冲击感，并且在近处拍摄时，画面周边会发生畸变，可以拍摄出别样的效果。

（二）严肃肖像型拍摄

主要分为正式肖像、全身肖像、非正式肖像和另类肖像。画面细腻温柔，突出人物脸部以及身体特征，将儿童的纯真浪漫、天真可爱凸显出来，利用特定场景，将人物情绪和环境气氛完美融合。

（三）抓拍拍摄

利用道具抓拍、游戏交流抓拍，巧用拍摄视角和距离。道具和游戏可以让孩子处于轻松的氛围，抓拍能拍到孩子好动活泼、爱笑爱玩的天性。

（四）后期合成主题拍摄

利用 Photoshop 等技术进行图片合成，强化图片的张力，营造更加梦幻新奇的画面效果，满足主题型和动漫型儿童摄影的需要。

四、儿童摄影风格的创意发展

儿童摄影从人像摄影类别中分离出来形成一个专门的类别后，经历了一系列风格的变化。拍摄风格经历了从以欧美儿童摄影技术为主导的韩式风格，到以和谐明亮为主调的韩式风格，到欧美肖像风格，再到极简主义风格的变化。

（一）以欧美儿童摄影技术为主导的韩式风格特点分析

服装上，多采用欧式经典和时尚的结合；影棚和布景上，多采用欧式田园风格；色彩上，强调重彩和淡雅浑然一体，柔和丰富；光线上，创造自然光和混合光的和谐，光比恰当；气氛上，主打和谐温馨自然。

（二）以和谐明亮为主调的时尚韩式风格特点分析

服装上，以时尚优雅为主流；布景上，不强调背景，采用纯色，突出自然纯真；色彩上，以纯净淡雅为主，多用清新淡雅的邻近色；光线上，强调柔和细腻，干净；气氛上，突出纯真可爱的本性，不矫揉造作；主题上，选材丰富，并且可结合当下流行的电影和其他流行元素，服装和布景不再像之前受限，有更加丰富的形式，光线和气氛随主题而变，形成一个系列故事，具有强烈的表现力。

（三）欧美肖像型摄影风格特点分析

服装上，主打休闲生活和西装正装；色彩上，经典优雅，以单色为主；光线上，注重环境光和环境色彩的搭配，讲究意境；拍摄原则上，强调画面的高品质和高清晰度，注重抓住情绪和心理。

(四) 极简主义摄影风格

苹果公司把产品做到极简的美学态度得到了世界范围的认可，如果把美学当成是一座金字塔，极简主义美学应该处于金字塔顶端。极简主义美学起源于西方，最为突出的特点就是简洁及明确。其理念是"少即是多"，追求用最简明的形式、最基本的方法、最严谨理性的手段获得最直击人心的艺术感受。相比于其他大规模流水线生产出来的背景复杂、妆容配饰复杂、夺人眼球甚至喧宾夺主的儿童摄影照片，极简主义主张通过简化，简化，再简化来进行拍摄场景的设计，突出拍摄重点，表现人物内在，力求传递宁静的感受，呈现给客户简约而不简单的美。

极简主义风格儿童摄影要求摄影师对美学有深刻的理解，要求摄影师能够进行合理的色彩控制、光线控制，对主题设计和背景、道具设计的要求也比较高，同时能注意各元素的质感体现。

第五章
儿童摄影行业发展风向

一、中央厨房模式
——从客户体验出发进行全程服务设计

中央厨房模式是一种从客户体验出发进行全程服务设计的模式。传统儿童影楼是前店后棚的商业模式，顾客在前方门店下订单后能马上到后方影棚中进行拍摄。但这样做存在一个问题，儿童影楼为了吸引客源，往往需要把门店选址在位置较好的地点，这样一来，店面成本更高，场地成本增加，同时摄影棚的面积会小很多。这样棚内也无法拥有足够的空间进行功能性服务、空间配置和拍摄场景布景等，导致客户体验会大打折扣，服务方式和拍摄手段上也会有很大限制。

在这个问题上，行业先行者把"中央厨房"的概念引入儿童摄影行业。中央厨房的概念的要点是把"店"和"棚"分开，一方面节省店租成本，另一方面能创造更优质的影棚条件，给客户带来更好的体验。除了摄影棚还有咖啡厅、小书屋。孩子去拍照，父母则可以在这里享受交流的乐趣。

国内大型影楼还有另一种中央厨房建设方式，这种方式不以地理位置为取向，而是以自然环境为核心。如今有很多客人不再满足于影棚内留影，他们不追求高大上的影棚布景，而是希望记录孩子在自然的空间内本真的一面，家长和孩子的亲密以及真实互动。因此影楼把一些自然风景优美的地点辟为固定影棚，提供服装道具等硬件，让家长能进入自然环境的大棚中，和孩子互动玩耍，同时进行拍摄。

二、家庭旅行拍摄项目

（一）家庭旅行拍摄的概念和源起

随着摄影技术的不断进步，以及人民生活水平和自身素养的日益提升，消费者对于新颖的、个性化的拍摄方案和更具艺术感、美感的作品的需求增多，并且儿童摄影也越来越追求"人与自然的和谐美"以及"家庭情感连接"的风格主题，所以"家庭旅行拍摄"顺势而生，迎来了广阔的市场和发展空间。

"旅行拍摄"，是指在旅行途中，用光圈、快门记录下周围景色，留下这段路程的回忆，就是"在旅行中的记录"。随着时间的推移，旅行拍摄从广泛应用于婚纱摄影扩展到了家庭旅行拍摄。

（二）目标消费人群

家庭旅行拍摄主要面向高端消费人群。由于家庭旅行拍摄包括的内容项目丰富，场景地点选择、出镜服装、摄影师化妆师及工作人员、交通、景点门票、住宿等各个环节都需要有良好的安排，所以价格较高，目标消费群体为高端消费者。

（三）大型的儿童摄影机构旅行拍摄

大型的儿童摄影机构的家庭旅行拍摄一般是由商家提供组合套餐，由儿童摄影影楼或工作室根据热门且环境优美的景点和城市制定一系列的旅行拍摄套餐供消费者挑选，在套餐中一般会包括以下几点：

1. 城市路线选择

商家会经过考察后挑选出国内国外的几座出名城市并制定一系列旅行路线，供消费者参考，如国内的厦门、三亚、丽江，国外的巴厘岛、马尔代夫、佛罗伦萨等地，并根据消费者的意愿提供选择，在旅行的同时完成拍摄。

2. 服装

一般在 6 套左右，会根据双方提前沟通的拍摄文案，由造型师根据不同的服装风格搭配做造型，并与消费者沟通协调服装搭配事宜。

3. 场景

根据旅行目的地的情况规划拍摄场景，一般场景个数在 6 个以上，会根据旅行的所到地进行室内取景拍摄和外景拍摄。

4. 拍摄

摄影师会在家庭旅行过程中进行拍摄，之后在所拍摄的照片中挑选一部分进行精修并进行相册制作，原片会全部送给消费者，消费者可以自行修改。

5. 拍摄成品

成品一般为相册和其他衍生产品，消费者可以根据自身喜好挑选相册和相框。

6. 所需人员

摄像师、摄像师助理、化妆师。

7. 价格

价格较高，根据旅行地点、日程安排等的不同有所不同，价格在 10000 元左右。但一般会赠住宿酒店和免费门票。

(四) 小型工作室旅行拍摄

小型工作室一般立足于旅行目的地城市，根据消费者的喜好选择就近的场所进行跟拍或者跟随消费者去旅行，出行计划由消费者自行制定，更为自由和随性，相较于大型机构，优势与劣势并存。

1. 地点选择

一般由消费者自行决定。

2. 服装

服装和化妆一般为消费者自行准备，但是摄影师会有很多常合作的化妆师和服装租赁场地，可以推荐给消费者。

3. 拍摄

摄影师会在家庭旅行过程中进行拍摄，之后在所拍摄的照片中挑选一部分进行精修，原片一般都是电子版照片，全部送给消费者，消费者可以自行修改。

4. 价格

价格较低，根据旅行地点、日程安排等的不同有所不同，价格在 1000~5000 元。

（五）拍摄主题风格

家庭旅行拍摄遵循"自然之美"的风格。家庭旅行拍摄主要是为了更加自然地体现家人之间的亲密无间和血缘连接，让一张薄薄的平面照片变得立体，让一张简单的照片变得不再简单，拥有深厚的情感和内涵。在"秋水共长天一色"的景色下一家人笑容停驻，幸福感要溢出屏幕和照片，用"自然之美"的风格拍摄出来的作品相较于摄影棚中的摆拍更有力量，也更有回忆。

三、儿童微电影

当前儿童摄影机构越来越多，服务的种类也呈现出空前的多样化，家长的选择前所未有地丰富了起来，许多个人摄影师也加入儿童摄影的行列，使得儿童摄影市场竞争异常激烈，利润受到影响。为了抢占市场，儿童摄影企业需要不断开发新的服务项目来满足客户需求。

从近年来直播、短视频、微电影的火爆程度来看，人们已经越来越喜欢以声音和影像为媒介的方式来记录生活，视频成为大势所趋。此外家长为了立体地记录孩子的成长瞬间，已不仅仅满足于为孩子拍摄静态的照片。温馨的亲子互动场面、欢乐家庭录影、儿童活动录影，可以为父母和孩子留下立体的记忆，父母们甚至希望让宝宝拥有自己的纪录片。国内很多领先的儿童影楼早已发现这个商机，纷纷开展微电影或视频服务以谋求新的利润增长点。

虽然开展视频服务的儿童摄影机构不在少数，但是这块业务的发展速度仍旧相对缓慢，原因主要在于拍摄和制作的成本。虽然静态照片和动态视频都是拍摄出来的，但在拍摄流程上和拍摄内容、手段上却存在相当大的差异。在视频拍摄前期，往往需要策划主题、准备拍摄脚本、准备道具，拍摄时需要专业摄像人员进行拍摄，以及专业后期剪辑师还要进行视频的编辑等，诸多环节导致视频拍摄成本远高于照片的拍摄。高价格最终导致儿童视频、微电影只能成为小众消费品。

基于这种实际情况，目前儿童视频或微电影服务的发展趋势是：通过相关软件完成儿童视频拍摄制作，为客户提供动静结合、效果立体逼真，支持多种终端播放的视频产品。目前市场销售的视频拍摄软件中，有多种应用场景的模板，摄影机构可以在选择模板后进行拍摄和剪辑，可减少脚本写作和情节策划的成本。通过挑选合适的模板，将视频片段上传到模板中，对视频片段简单进行时间和序列的编辑，修改视频文字以及添加音乐，能很快生成高清视频大片。

四、"最后一公里"服务

以产品交付为最后环节的行业，有"最后一公里"的说法。原意是说完成长途跋涉的最后里程，引申为完成一件事情最后的步骤，而且是非常重要的关键步骤。就儿童摄影服务来说，一般结束于将为客户拍摄的相片、相册、底片和其他成品交付给客户。儿童摄影服务的"最后一公里"，还可以进行丰富的延伸，比如设计精美的贺卡、便于携带的口袋册，适合放到钱包里或者办公室的各种产品等。

实际上，服务还可以进一步延伸到客户家中。考虑客户对所拍摄照片的使用场景可知，客户其实还有进一步需求，协助客户把所拍摄的照片进行展示或者收藏，这是可以延伸的服务项目。针对要在家中摆放的照片，摄影机构可以根据客户家庭的实际情况设计制作照片墙，儿童摄影机构可以把这个项目作为增值服务提供给客户，更好地完成儿童摄影的"最后一公里"服务。

五、个人定制服务

个人定制，是儿童摄影行业中高端的商业模式，针对有高消费能力的客户，提供超级个性化的服务。以国内走在前列的同远集团高端摄影服务"云端"为例，云端的核心理念是"了解客户的需求，有惊喜地满足客户需求"。其做法是把电影的拍摄思路和方法移植到云照片中来，在拍摄前与客户详细沟通，了解孩子的体貌特征、性格特长、爱好、家庭背景、家长对孩子未来的期许，根据这些制作摄影脚本，而后再按照脚本进行拍摄。

比如，孩子梦想成为船长，就量身定做打造相应的大海航船主题的拍摄，可选择前往三亚等海滨城市进行拍摄。定制式服务可以打破原有的空间和想象力的限制，设计符合需求的情节和场景。小团队"一对一"定制服务客人，让摄影师有条件了解被拍摄儿童的性格和特点，了解儿童家庭的故事，拍出来的照片才富有个性、富有故事性，不至于像流水线般快速出产的加工品，而是像可以参加国际大赛的艺术品。同时，个人定制产品也可以结合旅行，在旅行中带着愉快的心情，完成拍摄。长期以来，儿童摄影行业同质化严重，且竞争企业往往要打价格战，所谓的"定制"也只是流于表面。通过个人定制，可以将艺术追求融入到商业摄影中，把儿童摄影行业做成更具高品质的、艺术性的事业，在细分市场中带来更好的表现，取得更大利润。

Part 4

第四篇

中国人像摄影行业发展策略

第一章
中国人像摄影行业市场四维洞察

　　中国人像摄影行业在近几十年的发展中经历了不断的变革与创新，从过去单一品牌年营业额几百万元上升到突破几千万元；从品牌跨区域连锁经营，到同一市场多品牌策略经营；从过去传统经营到借助互联网的力量迅速发展，如今相当数量的企业都能做到单一品牌年产值过亿元。但同时也有众多传统经营模式的企业困难重重举步维艰，处在生存与倒闭的进退两难之间。

　　中国人像摄影行业几十年来是以影楼为核心的经营模式。传统影楼摄影在 20 世纪 90 年代从中国台湾传入大陆，当时是新兴行业，利润颇高。但当时的技术和设备相当简陋，拍摄时都采用单色背景，后期再进行抠图套模板做出虚假魔幻的效果。到 2000 年左右，摄影业开始出现花色背景，即有图案的拍摄背景。到 2005 年左右，拍摄方式有很大的突破，出现了外景拍摄，同期还出现了个人摄影工作室，这是一种对影楼形态的颠覆。再后来出现了主题摄影，也就是把外景做成实体放在室内拍摄，由"背景+道具"组成。到 2010 年左右出现了实景基地，即在室内模仿搭建世界各地的真实场景用于拍摄。到 2014 年前后，影楼模式发生了真正的变革，很多影楼不再做影棚，也不再雇佣化妆师、摄影师，只靠客服接单，接单后全部送往摄影基地。摄影基地有化妆师、摄影师，也有服装实景等，影楼按顾客定价支付给基地，由基地来完成后面的化妆拍摄修片等，虽然利润空间缩小，但也减轻了影楼的经营压力。可见，影楼的变革就是人像摄影行业发展的缩影。

　　随着生活水平的提高，人们对个性化、特色化、多样化摄影产品和服务的要求越来越高，尤其是现在的人像摄影消费人群主要为"80 后""90 后"和"00 后"的青年，他们喜欢接受新事物，反对一成不变的服务模式，传统影楼业务模式已经无法满足现代人对摄影的需求。此外，随着互联网的盛行，中国人像摄影行业已进入大变革时期。

一、中国人像摄影行业的市场特性

（一）技术创新是我国人像摄影行业发展的驱动力

人像摄影行业的技术基础为以摄影、造型和后期制作为核心的样片开发能力和客照生产能力两个方面（也包括影棚的设计规划能力）。相比专利密布的高科技领域，摄影行业所涉及的技术，并没有被严格的商业壁垒所保护，而是处于自由交流的状态，摄影机构可以用较少的成本将其引进自己的企业。这种开放式的技术交流局面，为企业摄影技术的引进提供了便利条件，但同时也容易造成行业间同质现象严重的问题。

（二）人像摄影行业的规范标准有待加强

当前人像摄影行业不规范、标准缺失现象较为严重。首先，摄影行业价格不透明，容易"水涨船高"，有些摄影机构在宣传过程中存在误导消费的现象，如推出免费或低价拍照，发放低价优惠卡等，但在实际拍摄过程中则以各种名义加收费用。其次，照片质量缺乏衡量标准，由于行业竞争激烈，同质化现象较为严重，拍出来的照片千篇一律，且拍摄质量难以保障。最后，服务质量参差不齐、不尽如人意等现象十分常见。顾客到知名摄影机构拍照，一方面是获取高品质照片，另一方面是想在拍摄过程中享受乐趣，感受贴心的服务。可见，人像摄影行业各种规范标准缺失，不仅侵害消费者的合法权益，也不利于行业的健康长远发展。

（三）创意设计是人像摄影行业发展的关键

创意设计越来越成为人像摄影行业发展的导向。随着时代的发展，人像摄影领域中创意设计的地位越来越高。创意设计在人像摄影中的重要性表现在：创意设计可以帮助摄影师刻画被摄者真实的内心世界和需求。人像摄影不只是简单的人物形象再现，而是伴随着摄影师的创意发挥，让人物形象展现出更为生动的形态。随着人们对高品质需求的增长，对摄影设施、服务、环境的要求，以及对个性化、特色化、多样化摄影产品和服务的要求越来越高，摄影需求的品质化和中高端化趋势日益明显。原有的门店接单、影棚拍照的传统和单一的经营模式，已经不能满足当前以至今后摄影行业发展的需要，取而代之的是"一对一"创作型的拍摄。

（四）人像摄影行业版权意识较为薄弱

对传统摄影来讲，只要提供原始的胶卷底片或反转片，一般就可以认定作品的原创性。对于数码摄影来讲，由于作品的储存介质是电磁数码，原创的摄影作品除了磁盘性质的 CF 卡、记忆棒、移动硬盘或其他电脑存储介质之外，并无其他唯一性和排他性的物理介质的载体表现形态（例如传统摄影的胶卷底片）。而电磁数码的存储形态，可以轻而易举地无数次完全镜像复制，并且复制品与原始作品之间无任何差异。从目前的人像摄影市场看，人像摄影的版权意识、肖像权意识均较为薄弱，可见，虽然互联网技术带来了摄影技术以及摄影经营模式的提升，但对于人像摄影的版权保护措施提出了新的挑战。

二、中国人像摄影行业市场四维洞察

本部分将从文化技术、市场、行业以及消费者四个方面对我国人像摄影行业的市场环境进行具体四维洞察分析。

（一）文化技术维度

在移动互联网时代，用户和消费者的距离越来越近，服务和要求越来越明确，结算方式也越来越便捷。通过手机上的各种软件，一切需求都能轻松搞定。在这种大趋势的推动下，传统的影楼服务模式越来越陷入困境。正如淘宝、天猫、亚马逊、京东等电商让传统实体店和行业中介机构纷纷倒下，作为摄影领域的革命性产品，以互联网思维运营的摄影互联网平台也必然给传统影楼模式带来颠覆性的改变，互联网思维正在改变着摄影行业。婚纱摄影、儿童摄影以及个人写真照等都是以内容为王的行业，必须要有摄影师、化妆师、足够的婚纱服装、精美的相册作为支撑。在这样一个信息大爆炸的时代，一些促销活动是难以吸引消费者的，传统婚纱摄影只有搭载移动互联网这个强大的平台进行多元化的营销，才能激发用户群的潜在黏性。随着中国建设网络强国战略的实施和互联网传播模式的不断创新，摄影艺术开始被"互联网＋摄影＋金融"上升到产业的高度，这与经济发展、旅游消费等紧密联系在一起。而且，互联网越发达，摄影图片和摄影产业的需求就越大。

此外，技术的创新发展也极大推动了摄影水平的提升及摄影模式的优化。比如智能摄影系统，它是根据高水平摄影师、灯光师经验，将光圈、速度、白平衡、感光度、灯光输出指数、光源配置等写入程序模板，输入电脑，通过数据中心控制灯光、相机，摄影师只需要对焦，即可一键完成拍摄。人工智能摄影系统的问世，不但会大幅降低人力、空间、装修成本，同时也能解决因摄影师水平和摄影师的流动，导致的成像效果参差不齐的问题。这类系统的一大亮点在于其多元化的原创主题，而且所有的模板都拥有独立版权。比如，儿童摄影中小朋友们不但可以穿越到古代私塾去学些汉字，也可以跑到非洲大草原和狮子亲密接触，灯光和背景的融合能够让成片效果极其逼真。

（二）市场维度

当今人们的摄影消费风尚已经形成，结婚照、全家福照、节日纪念照、儿童不同年龄段的纪念照等，已成为每个家庭的刚性消费。虽然个人拥有相机量快速增加，手机拍照功能也在不断增强，但受制于拍摄技术和灯光设备的限制，个人摄影爱好替代不了摄影机构的规范摄影，消费者的影像消费习惯短期内不会有改变，甚至还会刺激大众对人像摄影消费的关注度和需求量增加。人像摄影行业未来发展动力强劲，市场前景美好，且仍将继续保持稳健的发展趋势。

1. 婚纱摄影市场竞争激烈

当前摄影行业中最火的莫过于婚纱摄影这一领域。从前，我们结婚是去照相馆拍一张结婚照，但随着物质条件的提升和审美观念的进步，各种主题婚纱照成为结婚程序不可或缺的元素，这就促使我国的婚纱摄影行业从"照相馆时代"进入了"影楼、工作室时代"，市场导向和行业竞争也推动着婚纱摄影在各个方面趋于完善。而随着行业规范的成形和行业体系的完善，婚纱摄影的竞争越来越激烈。由于婚纱摄影是一个刚需行业，只要是结婚的人都不可避免要选择拍摄婚纱照，这导致很多摄影机构加入这一领域，造成市场供应趋于饱和状态。此外，绝大部分人一辈子只结一次婚，所以人们在选择婚纱摄影机构的时候会更看重品质和服务，不太在意价格。这就意味着成熟的机构和品牌将在竞争中占领先机，新入行者或者小机构只能在剩余消费人群中去拼价格和服务，竞争相当激烈。

2. 儿童摄影市场潜力很大

在婚纱摄影竞争呈现白热化的时代背景下，亲子摄影市场却是方兴未艾。对于大多数"80后"而言，由于数码摄影技术还未出现，且缺乏经济条件，童年的影像记忆很少。但是对于"90后""00后"以及当代少儿主体而言，情况已经大不相同。

首先，从市场需求来看，亲子摄影的市场空间并不小于婚纱摄影。尤其在"二孩政策"开放的今天，新生儿的出生率在逐年上升。且由于中国人在结婚之后面临的第二件人生大事就是生子，可以说亲子摄影是婚纱摄影的延续。

其次，从我国国情来看，亲子摄影的生存空间巨大。我国的每一个家庭都不会吝啬对孩子的投入，愿意花钱用精美的照片记录宝宝在不同成长时期的写照，从怀孕到百天，再到周岁、幼儿园、上学，孩子成长的每一步都是亲子摄影的市场。可见，亲子摄影的消费频次比婚纱摄影高得多，这也是亲子摄影市场优于婚纱摄影市场的地方。

最后，从发展形势来看，亲子市场在摄影行业兴起时间还不长，具有广阔的发掘空间。如果能在策划运营和产品服务方面抢占先机，必能形成良好的市场口碑，占据相应的市场份额。比如专门做亲子摄影的"大西瓜亲子趣拍"，凭借其先进的人像嵌入式摄影技术而打造的"趣拍"概念，迅速占领亲子摄影市场，短短几年时间便在全国范围内火了起来。

可见，亲子摄影行业的发展正处于起步之中，在发展走向和产品领域方面还拥有巨大的商机等待挖掘。

(三) 行业维度

1. 人像摄影从业机构水平参差不齐，获客成本不断上升

由于人像摄影与人们生活紧密相连，随着从业机构数量越来越多，竞争不断加剧，产品、经营模式同质化现象越来越严重。伴随而来的是行业成本透明化，陷入惨烈的价格战。同时，由于摄影工作室数量庞大，工作室投资成本不高，竞争日益激烈，价格参差不齐。大多摄影工作室成本不高，以赚钱为唯一目的，不太考虑后续经营、品牌及口碑建设，导致各机构技术差别很大。化妆师、摄影师、数码设计师水平及摄影设备的优劣导致最后的摄影作品质量存在差异。

2. 线下线上获客难度大

当前，婚纱摄影企业的获客渠道主要是百度竞价、360竞价、搜狗竞价等传统搜索平台。但竞价广告费越来越贵，且竞价广告的信任度在逐渐下降。同时，在智能手机时代通过打电话、发短信和客户沟通的成本高，效率低。目前微信是一个相对有效的沟通平台。但很多婚纱摄影企业需要客户关注两个微信号，客户在关注企业公众号后，还会被要求添加摄影师的个人微信，沟通途径太烦琐，容易造成客户谨慎和厌烦的情绪。

此外，影楼客户的流失还有两大原因：一方面，以往客资都集中在销售人员手中，销售人员的离职可能带走公司大量的客资，这个问题普遍存在。另一方面，家庭作坊式摄影工作室越来越多，他们没有资金投放广告，于是盯上了大影楼的销售资源，通过提供更高的分成的方式，分享大影楼的客户资源。

3. 我国人像摄影行业具有很大发展机遇

从国家宏观层面上看，我国人像摄影行业中的摄影人群庞大。我国拥有13亿人口，目前有2亿多摄影爱好者，6000多万单反相机持有者。除此之外，在互联网大爆炸时代，随着中国手机拍摄用户数量的剧增，庞大的摄影人群和各类摄影组织使我国名副其实地成为了世界摄影大国。在国务院总理李克强倡导的万众创新国家战略与全民参与的浪潮中，我国摄影产业未来必将呈几何级的发展态势。

　　从城市层面上看，婚纱摄影、儿童摄影是刚需市场，且未来还会保持持续而稳定的增长，尤其是在二、三线城市，仍然有很大的发展空间。

　　第一，人口众多，市场还远没有饱和。从人口基数上来说，未来的重心消费群体，必然在人口规模更大的三、四线城市。从婚纱摄影行业看，美团点评发布的《2016结婚行业蓝皮书》显示，"新常态"下结婚行业发展呈现新趋势，结婚人口虽持续下降，但结婚带动的消费总量却在上升。在整体结婚人口中，北京、上海所占比例下降明显，而三、四线用户比例有所上升。

　　第二，人工成本等比较低，利润空间相对较大。首先，三、四线城市的房价和一、二线城市相比要低很多。所以对于婚纱摄影租用场地而言，能为工作室或者婚企省下不少成本。其次，从人力成本看，三、四线城市的人力成本较低。在各方面成本都很低的同时，人们对于婚纱照的要求却没有降低，利润空间也要大很多。

　　第三，营销成本较低，利润空间相对较大。三、四线城市客户并没有一线城市的客人那么挑剔，同时摄影机构也没有被一线品牌长期打压，且城市小，距离近，好邀约等，这样的优厚条件足以让三、四线城市的人像摄影行业健康高速发展。可见，虽然整个人像摄影行业洗牌在即，但是三、四线城市还是有很大的发展空间。

（四）消费者维度

　　在互联网模式下，越来越多的新一代年轻人正在改变传统的消费模式，互联网的升级改变消费者的选择方式。

1. 告别传统的外景拍摄，流行旅游加拍摄的全球旅拍方式

　　"90后"人群和"80后""70后"人群的生活方式有着很大的不同，拍婚纱照亦是如此，公园等外景已经不符合"90后"新人的口味。目前比较流行的就是旅游婚纱摄影的方式，简称旅拍，国内三亚、厦门、丽江、青岛、杭州、大理等，国外的普吉岛、巴厘岛、马尔代夫等都是热门婚纱摄影旅行拍摄地。

2. 大多数用户通过互联网选择婚纱摄影品牌以及服务

　　互联网的高速发展改变了人们生活的方方面面，在婚纱摄影选择上，大多数的消费者选择先上网进行对比，然后网上下单。很多网络平台都提供了

较为丰富的信息和专业资讯，大大提升了消费者选择婚纱摄影机构的效率。目前国内五大知名摄影信息平台如下：

（1）摄家网。作为国内目前最专业的摄影互联网平台，摄家网于2015年上线后便发展迅猛。摄家网的创始团队由摄影领域的资深从业者以及阿里系的互联网技术团队组成。摄家网涵盖婚纱摄影、儿童摄影、个人写真摄影等多种摄影服务，是一站式摄影服务平台。摄家网还提供自营产品，由摄家网优选摄影团队，优化中间成本，提供高性价比的摄影服务。

（2）新浪微博。很多摄影机构和摄影师有自己的微博，因此很多消费者习惯在微博上做功课，找品牌，找商家，找摄影师，但是微博信息量较为综合，需要较长时间的关注和研究。

（3）百度糯米团。百度已经成为全球最大的中文搜索引擎。它可以提供很多有价值的信息，很多准备拍结婚照的消费者，第一时间会上百度进行搜索。百度旗下的糯米团也有很多婚纱摄影的团购套餐，可以让消费者的购买预订更加便捷。

（4）大众点评结婚频道。大众点评作为综合性的O2O门户网站，也为消费者提供商家信息筛选的服务，很多消费者会在大众点评上查看对商家的评价。大众点评网成立于上海，它是中国领先的本地生活信息及交易平台。它不仅为用户提供商户信息、消费点评及消费优惠等，同时还提供团购、餐厅预订、外卖及电子会员卡等服务。它可以帮消费者筛选出提供完美的婚纱旅行拍摄的机构，更关键的是它还可以进行团购，适合追求高性价比和热爱旅行拍摄的新人。

（5）婚礼纪。婚礼纪作为目前领先的结婚服务垂直平台，婚纱摄影也是婚礼纪的主营业务之一，婚礼纪的总部位于杭州，近年来开设了线下体验店，为新人带来了更便捷的服务。

第二章
中国人像摄影行业营销策略

营销策略是企业以顾客需要为出发点，根据经验、市场调查获得顾客需求量以及购买力的信息、商业界的期望值，有计划地组织各项经营活动。开展营销的前提是界定目标消费群体。

一、目标消费群体画像

当《王者荣耀》被爆日收入 1 亿元，《旅行青蛙》掀起养"儿子"的热潮，音乐消费群体中"90 后"与"00 后"占比超过 80%时，年轻消费群体的购买力已经不容小觑，并且正在影响着整个消费市场。婚纱摄影、儿童摄影行业也是如此。那么，想要赢得新生代消费者，摄影企业就需要对年轻消费群体进行充分的了解。如何了解他们的需求，并促成其最终的购买行为，对于摄影企业来说是一大挑战。因此，我们首先要了解新生代消费者的消费心理与偏好。

1. 追求个性

"90 后"和"95 后"的新生代消费者出生于计划生育体制之下，独生子女较多，且在互联网环境中成长，塑造了他们追求与众不同、独一无二事物的性格。譬如，二次元文化的崛起，小众民谣走向大众、不住酒店却偏爱接地气的青年旅店与民宿等，无一不在说明，他们对自我个性、多元文化的认同与追求。而正是这种认同与追求，让大量二次元手办，独立音乐人数字专辑、线下游戏门票等产品卖到脱销。摄影领域同样如此。

2. 注重体验

2017 年，阿里巴巴、京东等不少互联网巨头都转身投入到线下战场，如无人便利店、无人货架、线下零售等都成为了行业内外关注的焦点。婚纱摄影、儿童摄影行业消费频次相对较低，但数额之高也会让人在消费时更加谨慎，也更加注重线下真实的体验。

3. 要求高品质、高档次

对于低频次的婚纱摄影、不同时期的儿童摄影，年轻群体认为高品质、高档次极为重要。《国人婚礼满意度调研报告》显示，93%的受访者希望拥有一场梦幻的婚礼。海洋、沙滩、鲜花、草坪等浪漫美景则是许多受访者拍婚纱照时的首选元素。

综上，摄影企业对照目标消费者提供定制化服务就显得很重要。

第一，定位精细，打造属于自己的品牌。追求个性和多元文化的需求，决定了一种产品满足不了所有的消费者。而按照大多数消费者需求思路进行定位，也会归于平庸。所以，婚纱摄影、儿童摄影需要结合自身的优势，在面对消费市场时，进行更加精细的市场定位，打造明确的品牌或者标签，以此在消费市场中，让消费者快速认知品牌与产品，认可品牌的标签与内涵，对品牌产生信任。

第二，产品定制化＋品质标准化。私人定制能够满足消费者追求个性的需求，但私人定制价格高昂，且难以标准化生产。于是，其只能定位于中高端人群，难以实现商业化层面的规模扩大。但从上述的消费画像关键词中可知，消费者既注重品质档次，也追求个性。由此，标准化也可以不设置在产品本身，而是将品质标准化＋产品定制化进行融合，保证高品质的同时，也能够为消费者提供个性化的产品。

二、创新市场营销策略

(一) 网络营销

网络营销大量节省了人力、物力，成为影楼营销的主要手段，通常商家会在互联网上创造利润、维系口碑、进行品牌宣传和商业互动等。

(二) 社群营销

所谓社群营销，就是利用客户群推广的互联网营销方式。摄影、摄像具有很好的传播性，只要你有好的摄影作品、摄像技术，服务好客户，客户在炫耀自己美照的同时也愿意为你免费宣传（比如微信朋友圈），这是一种零成本引流方式。利用互联网，在社群中引爆亮点。

(三) 定制营销

发挥工匠精神，提升摄影和服务质量，改善客户体验、满意度和美誉度。人像拍摄是一项需要艺术水准与专业精神的工作，仅靠政府监管和行业规范，不能完全保证照片质量。从服装、化妆、道具到摄影师、后期、洗印等环节，都需要鼓励培育专业精神、工匠精神，使拍摄工作者从卓越工作中获得成就感、满足感、自豪感。

(四) "互联网+、智能营销、AI 赋能" 为特征的整合营销

在 AI（人工智能）快速发展的当下，营销人让营销更智能的关键就是要从过去的传统营销思维中跳出来，利用科技尤其是人工智能来对营销进行升级。百度在 AI 赋能营销上走在前列，用 AI 赋能营销，可以为营销全链路带来用户识别力、个性化创意力、全时覆盖力以及传统营销方式可望而不可即的效果实时追踪力。

在技术助力营销层面，主要是基于百度检索大数据。第一，利用大数据

实现对备婚人群真实意愿的收集和捕捉，当前百度正在由基于兴趣的营销2.0 时代向基于意图的营销 3.0 时代转型，而百度自身在用户画像、机器学习、图像语言分析等领域的全面布局，正在通过智能的方式帮助婚纱摄影企业为其用户呈现出更精准、效果更优的产品。第二，由于人像摄影的决策周期长，用户着重口碑和评价，而百度产品在企业营销过程中，可以覆盖消费者从兴趣到购买整个过程中的每一个环节，从而影响其决策。比如，女性往往是婚纱摄影的主力军，抓住女性消费心理也就抓住了消费者心理。此外，还可以把控营销节奏，针对淡旺季提前布局，依次击破用户购买决策流程。第三，AI 加持赋能，精准有效寻找客户，多维度助力定向精准营销。

目前有婚纱摄影企业与百度合作，开展了营销"三部曲"：其一，实现在信息流中的事件曝光，通过智能营销和百度口碑提升品牌形象。其二，一方面锁定手机，通过百度 MDSP 实现精准发射；另一方面，通过智能营销实现以知识承载营销内容的效果。其三，通过百度华表、品牌保护、流量收口等手段不断优化预算，最终实现控制成本、提升口碑的效果。

这种将技术和大数据能力的价值更大程度地为全行业营销赋能的全新的营销闭环生态，在为摄影企业带来商业红利的同时，也将为中国营销带来强劲的活力。

第三章
中国人像摄影行业销售模式

销售模式指的是把商品通过某种方式或手段，送达消费者，完成"制造→流转→消费者→售后跟进"这样一个完整的环节。

一、摄影 O2O 销售模式

在传统影楼越来越不景气的今天，各类摄影 O2O 从不同的垂直细分领域切入，并纷纷崛起。

1. 上门服务的亲子摄影

从需求的角度来看，除婚纱摄影之外，亲子摄影的拍摄需求量是最大的。但是，婚纱摄影的消费频次并不高，几乎大部分人一生只会有一次。而亲子摄影却是一个消费频次相对较高且需求较大的垂直细分摄影领域。

从消费者的特性来看，由于孕妇行动不便、新生儿刚刚满月或者刚满百日，到店拍摄不会特别方便，这就导致亲子摄影更适合于上门服务，摄影 O2O 也就应运而生，恰好满足了这部分人的需求。不仅如此，亲子摄影的用户黏性和忠诚度也较高，一旦平台拍出来的宝宝照片效果很好，家长下次选择该平台的可能性也就更大。

目前从亲子摄影切入的 O2O 平台有约拍、童颜有迹、美时美刻等，不同的是约拍、童颜有迹主要提供亲子摄影的上门（包含第三方地点）服务，而美时美刻还支持影棚拍摄与到家拍摄。卡卡亲子也是一家提供孕婴上门摄影服务的 O2O 品牌，用户可在微信公众号上完成约拍、选片、支付等功能，

15 天即可取片，拍摄制作周期比实体店缩短近两个月。

2. 小众，市场却不小的校园摄影

对于大学生而言，校园摄影虽然不是一个刚需市场，但是有着写真需求的大学生，尤其是爱美的女大学生却非常多。一般情况下，校园的摄影师会选择在校园里面拍摄，因为在校园中基本不会存在安全问题，不过统一的标准化服务问题也会充斥这个平台。这种方式首先要做的就是吸收优秀的摄影师，可以考虑与一些摄影平台如蜂鸟网、迪派摄影网等进行摄影师资源合作；其次，尽快规范好平台的服务，以求用户体验至上，尽快树立行业竞争壁垒；最后，借助学生群体的力量快速扩张市场，大学校园学生群体往往都比较集中，在宿舍楼、教学楼、食堂等地方做校园地推是非常有效果的，同时也可以借助兼职学生的力量达到口碑宣传效应。

相关的专注于校园摄影的 O2O 平台，如茄子拍，是一个比较年轻的创业团队，创始团队成员也基本来自于互联网公司。

3. 竞争残酷的婚纱摄影

众所周知，婚纱摄影可以说是一种必需品，几乎所有要结婚的人都会选择照一套婚纱摄影写真。互联网婚纱摄影又不同于过去线下的传统影楼，在每座城市能够允许多家影楼共存，互联网+婚纱摄影是一个竞争十分残酷的市场。而且对于很多年轻人来说，在选择婚纱摄影机构的时候，往往不会太在意价格，更注重的是品质、效果与服务。目前专注于婚纱摄影 O2O 的平台有去拍啊、Onlylover、婚趣网、诺恒、嫁拍、寻拍等。

有些摄影 O2O 企业意图打造一站式的婚纱摄影服务，除了拍摄服务甚至还包括拍摄接送、拍摄过程的酒水服务等，既增加了盈利点，也提升了用户体验。有些则是纯粹的中介平台，类似淘宝 C2C 模式，通过连接摄影师与用户，只做中间人的角色，它们需要解决的是服务的统一标准化问题。有些是以搭建婚嫁生态园的方式切入摄影，在国内各城市搭建自己的摄影棚和摄影基地，与摄影棚附近的景区开展合作，借助过去在传统线下积累的资源展开摄影服务，更像是一种 B2C 模式。

4. 充满野心的综合摄影

对于整个摄影 O2O 行业来说，更多的还是充满野心的综合摄影平台。一类是以网易大像为代表的直接切入到所有的摄影服务的平台；另一类则是

以爱易拍为代表的从垂直细分到综合摄影服务的平台，爱易拍初期以婚纱摄影为主，如今已拓展到亲子、旅游拍摄等方面。

　　综合类摄影平台提供给消费者更多的选择。其实对于很多家庭来说，他们可能最初会有个人写真拍摄需求，后来会有婚纱拍摄需求，然后会有亲子拍摄需求等，这个时候他们可能就不愿意去找更多不同细分的摄影平台，而会直接去选择一个能够满足自己所有需求的综合类平台。

二、旅行拍摄模式

　　旅行拍摄之所以成为新的摄影行业热点，是因为其新鲜的环境、独特的场景以及独特的人文风情，不断刺激着年轻消费者的神经。比起呆板的摆拍，旅行拍摄的意义在于让人们放松身心的同时，赋予了照片新的灵魂，因此旅行拍摄越来越受追捧。

　　从消费者的角度来看，拍婚纱照时，不仅需要一个优美的环境，同时还需要一个好的心情，而旅行拍摄则恰好可以满足消费者这两方面的需求。对于消费者来说，既能够拍出十分有个性的婚纱照，同时还能满足消费者结婚度蜜月的需求。

　　从摄影师的角度来看，优美的环境对于摄影师的拍摄水平发挥也具有很大的帮助，可以让摄影师拍摄出更美的照片来。很多摄影师都擅长捕捉优美的风景，将风景与人物结合起来，也更能产生优秀的作品。

　　不过对于很多消费者来说，旅游婚纱摄影却是一项价格非常昂贵的消费品，如果说婚纱摄影是一项必需品消费，那么旅游婚纱摄影则是一项奢侈品消费，消费频率非常低，很多消费者都会选择一个口碑相对不错的商家。

　　大部分的国内从业者和服务商在拍摄海外目的地婚礼照或开展旅行拍摄的业务时以"网络平台和实体门店"为载体来经营。比如邮轮旅行拍摄（邮拍）是以纪实摄影的方式，将全家福、婚纱照等主题摄影与邮轮特色、邮轮目的地特色相融呈现，并将摄影服务融入邮轮服务之中的一项综合性服务。

　　旅行拍摄的一种新的商业模式是全球旅行摄影项目。许多摄影企业和携程、众信、凯撒、中青旅等众多旅行机构签署了独家战略合作，提出将摄影切入旅行的理念。

三、一站式会馆经营模式

随着人们婚礼消费理念的转变和婚嫁产业的升级，整合婚礼核心环节，使其规模化、专业化的一站式婚礼会馆正受到越来越多新人青睐。一站式会馆主要针对中高端消费群体，以差异化来锁定市场，为客户定制策划各种类型的一站式主题婚礼。一站式会馆着力发展摄影摄像、环球旅行拍摄业务，积极展开产业链布局，正在改变国内传统婚嫁产业的格局，是婚嫁+文创盘活全产业链的例子。一站式婚礼会馆在上海婚嫁市场所占到的市场份额已高达55%，但在二、三线城市渗透率低，发展几乎为空白，正是抢滩市场的最佳时机。向个性化、品牌化、互联网化、集约化的方向发展，并辐射全国，是一站式婚礼会馆的未来之路。

表 4-1　一站式婚礼会馆与酒店婚礼比较

项目	一站式婚礼会馆	酒店
场地	场地固定	可自行选择地域、星级
价格	酒席每桌 4000~6000 元，一套价格在 50000~120000 元，包含所有从婚前筹备到婚礼结束需要的所有道具，性价比高	只提供餐饮（每桌 1000~6000 元不等），需另行聘请婚庆公司布置场地、舞台、音乐、摄影等，性价比不高
客户体验	一站式服务体验，完整产业链条	花费时间长，除婚宴餐饮外其他事项均需另行筹划
场地风格	西式唯美为主，风格固定，难以改变	可根据消费者需求在合适的场地加以布置
地域分布	主要集中于一线城市	全国范围

四、与电商合作零售模式

与电商合作，寻求一个强力的合作伙伴一起拓展渠道，可以更快打开市场。比如选择与京东等进行深度合作，双方从硬件配置、服务品质、专业技术等进行多维度探讨，为京东站内高品质用户量身定制旅行拍摄方案。而京东在无界零售领域的探索，把积累的服务、仓配、技术能力、大数据等附能给品牌商，打破线下零售的诸多限制，帮助对方进行资源深度整合，深入触达目标用户，实现品牌精准定向营销，最终达成品牌与销量的双重提升。在特定节日如"京东双 11 全球好物节"，也可为准新人们献上最为诚挚的旅行拍摄"好物"。

五、线上品牌运营模式

在"互联网+""共享经济"模式下，线上运营是人像摄影全新的营销思路。颠覆式创新的"体验式服务＋互联网"平台模式是此种商业模式的亮点之一。比如 BabyPhoto，借助自有 ERP 系统、O2O 实体体验店，全面铺开系列项目的销售与服务。此外，传统摄影行业在运营传输上非常低效，用户从拍片到选片需要等待 3 天以上。而 VPhoto 打造的"智能硬件＋云平台"的线上自动化流程，可以实现照片自动传输到云端的功能，之后由后方数码师进行修片处理，再上传至云相册供现场用户浏览和分享，全过程只需 5 分钟。

六、线下体验＋线上平台新零售模式

影楼行业采用线下体验＋线上平台的新零售核心模式。线上做品牌集合平台，线下布局体验店，销售将不再是线下店的最重要功能，线下店更多的是提供展示、体验的空间。线下体验、线上购买，或者直接把线下商品买走，店内通过线上进行产品服务。

影楼对店面选址以及店面装潢有严格的标准，比如客流量、商圈氛围等。但这些硬指标直接推高了店租成本，销量明显减少，店铺、人工成本一路走高，利润空间也在不断被压缩。为了尽快摆脱行业的疲软，实现盈利，企业必须向多元化发展，从一开始的实体为王，到现在的线上线下一条龙服务，从单一的渠道，延伸到其他产业链。线上线下一体化的场景消费，可以让消费者在享受互联网物美价廉的同时，能看得见摸得着自己想要的产品。

第四章
中国人像摄影行业经营模式

　　任何一个成功的商业模式，都是一个由客户价值、企业资源和能力、盈利方式构成的三维立体模式。摄影行业要从营销、服务、产品、技术、管理方面打造全方位的创新商业模式。

一、积极推广互联网营销模式，全方位铺开获客渠道

（一）客户消费模式改变

　　根据中国人口出生率官方数据统计，1996 年出生人口（如今 20 岁）比 1990 年出生人口（如今 26 岁）减少了 13.51%，2000 年出生人口比 1990 年出生人口减少了 25.89%。不难看出，新婚的客户数量在未来 5~10 年内依然呈逐年减少趋势。另外，现在的客户消费观念和习惯已经发生了巨大变化，过去的客户会抽时间去实体店，一家一家做比较，现在的客户拿出手机动动指头就选好了商家；过去的客户凭性价比和感觉选择商家，现在的客户参照作品风格和客户评价选择商家。

　　可见，如今客户总量减少，并且客户的消费路径和消费习惯发生了巨大的转变，商家必须打开互联网获客渠道，优化内部细节，降低互联网运营成本。

（二）积极开展互联网营销

互联网营销是很多传统企业的硬伤。互联网的运营是一套综合性的系统工程，包括竞价操作、线上产品优势展示、企划卖点设计、美编创意设计、获客转化进店、店内销售成交、服务流程消化、满意评价等，每个环节都有着密不可分的关系，差哪一环都可能造成成本的增加，再加上各家竞价排名等因素，导致获客成本越来越高。

互联网的作用在于：第一，它是一种宣传媒介，现在的互联网广告可以按区域、按收入、按年龄、按时段精准投放，投入产出的效果能够根据一天的获客量进行评估，也能根据每个小时的获客量进行评估。当策略不对、效果不好时，可以停下来修正策略后再进行投放。第二，互联网的社交媒体能使好的创意、好的作品自发地传播，本身就有一种自动传播的广告效应，从而扩大影响，获得客源。

想要做好互联网获客渠道，一是要保持线上的宣传有创意，能吸引目标客户群体的眼球；二是要搭好线下对接服务机制，通过线上广告获得客资，线下及时对接联络客户，促使其最终到店成交，产生效益。

二、打造客感至上服务模式，利用客群分享扩大传播渠道

摄影行业多年来一直非常重视前期营销与接单服务，而对拍照、数码、选片、看版、取件的后续服务缺乏投入和研究。一般客户下完订单，对后面的流程充满期待，可实际上是越到后面，客户的满意度就越低，取完件之后基本对影楼没有什么好印象。

事实上，现在每个人的微信朋友圈都在不断地扩大，每个客户的微信朋友圈就是一个独立的宣传媒介，绝大部分年轻人都喜欢晒吃晒喝晒对象。如果我们的摄影企业重视客户的服务感受，在客户下订单后到取件前与客户接触过程中，真正让客户感觉到满意，超出期望值，每个服务环节都能够发自

内心去感动客户，那么，所有的客户会将自己的亲身感受与体会放到朋友圈分享，这个免费的广告辐射面非常广。企业可以开发专门的微信分享系统软件，利用表单广告的形式获得客户朋友圈的目标客资，最终转化成实际的收益。

三、优化企业内部流程，扩大企业的利润空间

1. 降低隐性成本，扩大利润空间

最近十年，摄影行业套餐均价的涨幅远远跟不上市场物价的涨幅，一是来自于同行竞争方面的压力，害怕价格提升后客户流失。二是企业在营销策略上仍然停留在打折、送礼的数字游戏层面，市场宣传中价格战多于价值战，消费者接触到的市场信息就是价格低价值也低，给客户传达的市场印象就是婚纱照很便宜，二、三线城市的情况尤为突出。另外，传统商业模式的企业在如何利用产品、技术、服务优势去提升婚纱照价值方面的投入力度不够。

摄影行业很多隐性成本消耗掉了大量的利润。比如去摄影基地拍摄和外景拍摄的交通费，人员消耗费，"一对一"服务费，它们作为前期接单卖点等都蕴含着大量的隐性成本。摄影行业淡旺季均量消化排控能力不足也会产生很大的隐性成本，并且很难建设一支稳定的技术服务团队，而且团队的工作效率和专业水平更难得到保证。企业没有稳定的团队，人才不断地流失就是巨大的成本浪费。只有团队稳定，服务才能得以提升；只有技术、服务有保障，才能建立良好的口碑；只有员工的效率高、产值高，企业成本才能得以下降并推动企业向前发展。

2. 创新客样照复制流程，用优质的产品线扩大利润空间

近年来很多企业依靠拍摄资源的优势取得了大量的市场份额，现在随着摄影基地的普及，众多中小型公司只需要较少的加盟费用就可以取得各种基地的拍摄资源，这又导致进入到了同质化竞争时代。众多企业购买样片在网上推广宣传，给客户看到的样片效果和自己实际拍摄出来的客片效果相差甚

远，很难达到和超越顾客的期望值。实景拍摄服装造型随意搭配，客片的拍摄表现不出实景所表达的文化意义，照片作品没有内涵。

如果摄影企业先根据场景去设计规划，制定出服装配饰和道具搭配的方案，定位好以人为本的作品风格，拍摄出主题样片。客片的拍摄按照样片的标准，让客照相似度无限接近，客户前期看到了自己喜欢的样片效果，最终也能实实在在地得到这种效果。原创主题化客照复制该流程，一是能保证客户的满意度，二是能降低拍照服装的成本费用。

打造一条优质的产品线，要科学地进行内景资源和外景路线的搭配，在实际拍摄流程中操作方便，节省成本；要保证样片风格定位和客片的实际效果配套；要协调地搭配产品，展示出照片的优点；要详细预算各种成本，在保留出合理的利润空间的同时，制定面对市场的销售价格。打造一条优质的产品线就是打造一个满足消费者需求的系统，形成一个能够让消费者喜欢并愿意购买的产品和服务组合，这种组合既要做到量入为出、收支平衡，又要做到有合理的利润空间，还要让客户能感觉到额外的价值或者用同样的价格获得更多的利益。

四、推进产业链一体化，推广综合式经营模式

当固定化、格式化的重复生产无法满足个性化、一站式的消费需求，当获客成本增高、同质化竞争加剧，摄影产业链的整合并购就十分必要。

从产业链的不同节点出发，拓展路径分为横纵两个方向：横向的全品类扩张，比如从婚纱摄影扩展到亲子、写真等全品类摄影，这样在婚礼的淡季时，也能有所补充；纵向的全产业链拓展，比如策划+婚宴、婚礼+蜜月+旅行拍摄、婚礼+文创产业，以及产业上下游的投资布局等。综观当下的行业，大致可分为针对消费者的线下专业机构、一站式婚礼会馆、线上综合性服务平台、线上垂直平台；针对合作企业的供应链集成平台、婚庆 SaaS 平台、培训平台等。

从婚纱摄影行业来看，当下婚嫁产业可能并不是一个热门的投资项目，

但它拥有刚需、现金流良好、千亿级市场且存在消费升级的必要性和成长空间。其产业链一体化的商业模式面临的趋势和机会可能有：

（1）未来可能是获客渠道和获客能力的竞争，运营和管理能力的竞争，以及产品研发能力的竞争。

（2）随着产业链一体化，婚嫁行业的消费结构将发生调整，服务性消费的比例上升，整体收入比例趋于均衡。

（3）婚嫁行业已进入品牌竞争时代，区域性各自为战的格局将有所改变，将出现全国性的品牌。

五、运营 O2O 商业模式，发挥线上线下集合功能

摄影 O2O 的概念是互联网＋摄影的平台，颠覆了传统需要用户上门去找影楼，硬性让用户消费的模式。网络搜索预约下单，让用户自己和摄影师对接，剔除了影楼作为中间商的环节，大大减少了费用。摄影 O2O 商业模式主要有以下几个特点：

1. 建立完善的诚信机制和标准化售后服务系统

这涉及款项收取，原片寄送，成片选取，售后维护。如有第三方机构对 O2O 经营者进行监管，根据消费者的反馈情况和其他的调研数据，对其进行诚信评级，并且将评级结果及时展现给消费者，消除他们的不安全感，并促使商家注重自身信誉的维护。

2. 整合独立摄影师，由摄影师为客户制定体现用户自身特点的拍摄计划

在风格上推行多样化、多元化，高要求的个性化摄影，更苛刻地挑选摄影师，以迎合消费者多变的需要，促使用户高频次消费，在高频次消费中可以博得更广泛的传播度。

3. 摄影 O2O 的核心资源是对海量优质摄影师资源的控制

只有掌握了绝对优势的优质摄影师资源，才能有机会领跑摄影服务行业。但是有时候为了获得摄影师资源，O2O 经营者降低对资源资质的审核，造成很多损害消费者利益的不良后果，因此要对线下服务提出更高的要求，

同时寻求与聚集了海量摄影师群体的社区网站进行合作。

4. 经营模式多元化

根据具体的情况因地制宜地确定经营策略，如可以提供制定服装等服务；在经营思路上，O2O 经营者也不能仅仅锁定低价路线，而是应当有足够的创新意识，借助自身的媒体优势，帮助商家挖掘一些增值业务，比如线下实体店的客户咨询、免费体验等环节。

5. 服务上要做到极致化体验，为用户打造完美舒适的摄影享受

这方面的服务多是摄影 O2O 企业最主要的盈利点，涉及食品、鲜花、接送、旅游增值、服装、个性服务等，企业在推行过程中所需要接入的资源项目繁多，对供应商提供的产品企业要进行把关，通过一定的标准使企业具有更强的生存力和竞争力，以服务为核心，打造良好运营模式。

6. 打通线上线下闭环

首先，开设自己的线上官网、官方微博、官方微信公众号等，给自身带来更多机会。这些线上平台不但给企业带来更多的收入，而且借助微博、微信培养了大量忠实的粉丝，这些粉丝都将是企业的潜在客户。其次，线上平台的建立能够让用户对影楼有一个更全面的了解和认识，打通线上与线下闭环，对于品牌宣传有着非常重要的意义。最后，借助微博、微信公众平台社交的特性，能够与自己的客户进行很好的互动，并随时了解他们新的需求、接受意见反馈等，这样就能够更好地为客户服务。

第五章
中国人像摄影行业投资建议

从投资的角度来看，人像摄影行业是个巨大的市场，也是一个刚需的市场，更是一个消费升级驱动非常明显的市场。对于每个投资人来说，都是一个巨大的具有诱惑力的投资机会。随着人像摄影行业尤其是婚纱摄影产业的发展、成熟，融资、挂牌、上市也逐渐成为行业内不少企业追求的目标与方向。同时，资本市场对于婚纱摄影的关注度也在上升。据不完全统计，2010~2017 年，在婚嫁产业投资布局的社会资本超过 40 家，其中包括红杉资本、复星集团、富达资本、真格基金、百度风投等。随着新三板市场的发展以及注册制度的推行，摄影产业作为新兴的产业模式，在"大众创业、万众创新"的"互联网＋摄影＋金融"模式的推动下，预计在 5 年内诞生出 3~5 家极具特色的移动互联网"摄影＋互联网＋金融"的上市企业。根据分析，在投资领域上，O2O 项目、AR 项目、亲子摄影项目都具有很大的投资潜力。

一、摄影 O2O 投资

摄影 O2O 主要分为婚嫁摄影、亲子居家摄影、个性化摄影、定制化摄影，其中以婚嫁摄影为行业最大市场。

2014 年是摄影 O2O 的元年，摄影 O2O 互联网创业公司如雨后春笋般涌现，如去拍啊、爱易拍、约拍、随食拍、约拍啦、月亮盒子等，且 80% 是从婚纱摄影切入。2015 年后更多资本注入摄影 O2O 企业。 2015 年，摄影 O2O 平台美时美刻获得了 1.2 亿元人民币（约 2000 万美元）的融资，刷新了该行业新的融资纪录。目前已有多家摄影O2O平台如美时美刻、约约、约拍啦等获得了较大融资。很多人会认为摄影O2O领域格局已定，其实摄影O2O市场的竞争态势尚未展开，真正的摄影领域资源整合态势尚未形成。在"互联网+"时代下，摄影行业不再仅限于图片创作、分享、展示、交易的属性，新兴科技与互联网基因的注入，将从根本上重构摄影行业的产业链。目前，整个摄影O2O行业占原行业产值的比重仍很低，摄影服务行业对互联网的结合运用大有作为。

在传统影楼越来越不景气的今天，各类摄影O2O投资从不同的垂直细分领域切入，并纷纷崛起，与此同时，一些综合类的摄影O2O投资也意图称霸整个摄影市场，而垂直细分领域的摄影O2O最终也将会面向整个摄影市场。围绕着"互联网+摄影"的较量才刚刚开始。

二、亲子摄影投资

2017年中国人像摄影行业全口径收入超过3000亿元，而国内商业摄影领域，如婚纱摄影、个人写真等占据了绝大部分市场，使得竞争达到白热化的程度，进而形成了供大于求的市场格局。反之，高端婴幼儿童数码摄影鲜有涉足者。可见，未来商业摄影领域中专业儿童摄影具有很大空间。

中国权威机构数据显示，中国每年有2000万~3000万名婴儿出生，其中0~4周岁婴幼儿消费群体就有8000万。据中国第五次人口普查发布的统计公告，中国0~3岁新生儿用品家庭月消费为900多元，加上广大农村城镇地区婴幼儿消费，中国的婴幼儿用品市场每年将超过1000亿元的市场规模。而目前这个市场开发程度不足20%。

从消费诉求上看，中国计生政策的实施与老龄化社会现状，使得婴幼儿既是年轻夫妇关注的焦点，又是老一辈人疼爱的核心。婴幼儿是两代家庭消费的重点，且其消费观念呈现时尚、新潮、安全的主要特征。行业本身也提出了更高更新的发展要求，将产品、文化、服务导入市场，是摄影行业未来最大的卖点。在当前"4+2+1"（爷爷奶奶外公外婆+爸爸妈妈+孩子）的家庭结构下，给孩子每年拍纪念照片已成儿童摄影的一大内容。而且，为给孩子留住精彩的成长瞬间，家长都选择了相册保存。从购买力上看，亲子摄影客户许多是 20 世纪七八十年代出生的人群，该人群特征为经济收入丰裕、观念时尚、对独生子女投资欲望强烈。可见，亲子摄影市场体量大，需求稳定。

根据中国人口普查统计，中国仅 0~6 岁的婴幼儿达到 1.4 亿，其中城镇 0~6 岁婴幼儿为 5200 万左右。如果保守估计，城镇家庭每年为 6 岁以下的孩子在艺术照上投资，在仅考虑城镇市场的情况下，0~6 岁儿童摄影市场消费额就可达到 4（元/年）×5200（万）= 208 亿元。但目前全国儿童摄影的年销售额只有几亿元，显然，这一领域有巨大的市场潜力等待去发掘。因此，儿童摄影市场潜力巨大，投资前景非常可观。

三、AR 技术的应用和投资

现在 AR 增强现实技术迅猛发展，已广泛应用于婚纱摄影摄像、儿童摄影摄像、相册制作包装等方面，驱动着影楼行业产生新一轮的转型升级。AR 正处于快速发展的时期，将给影楼行业带来巨大的红利。

1. 价值提升

AR 可以融合照片、视频、音频、文字、动画等多种形式，让相册、照片"动"起来。客户用手机一扫照片，就可以看到相应的视频，大大丰富了单张照片的内容，并且形式新奇，非常吸引眼球。

AR 最核心的技术是可以将虚拟的内容和实体的相册、照片融合，将任何虚拟内容叠加在实体的相册、照片上，从而为照片添加各种魔幻般的效果。另外，传统的照片是静态的，AR 照片不仅可以动起来，而且可以互动交互，给客户良好的参与感和体验感。

因此，融入了高科技的 AR 相册显著地提升了企业价值，和传统影楼形成显著的差异，具有独特性，价格同时也比较高。

2. 销量提升

加了 AR 效果的照片相册，新奇有趣，可玩性和互动性高。普通影楼引入了 AR 相册业务后，销售额可以得到显著提升，同时，这项业务却没有什么额外的成本。

3. 数据化精细运营

传统的影楼销售完成后，很难对客户的数据进行精准的统计和追踪。而 AR 相册因为实现了数字化，可以统计到用户的下载量、激活量、打开次数、视频播放量等多种数据。影楼通过这些多角度的用户数据可以对整个影楼的运营进行精细化的运作管理，有针对性地对各环节进行优化，从而杜绝浪费、提升效益。

目前，大量的风险投资涌入 AR 领域，2017 年 AR 全球投资额创下了近 30 亿美元的历史新高，比 2016 年融资额上升 12%，与 2015 年相比更增长了近 3 倍。美国仍是主要的 AR 投资地点（约 45%），中国紧随其后（约 25%）并产生了许多独有的投资机会（例如线下体验店、上游供应链、教育等）。虽然 AR 技术在全球还处于起步阶段，但从研发可视、可互动方面，与摄影行业契合度很高，AR 技术投资会成为摄影行业非常重要的推动力，摄影 AR 市场的发展前景非常乐观。

编后语

《中国人像摄影行业发展报告》(2018) 是受中国人像摄影学会委托,由福厦经贸集团与厦门理工学院联合编撰。本报告共分为"2017 年中国人像摄影行业发展概况""婚纱摄影行业发展篇""儿童摄影行业发展篇""中国人像摄影行业发展策略"四篇,力求准确反映 2017 年度中国人像摄影行业的发展现状况,剖析我国婚纱摄影和儿童摄影行业的发展痛点,结合典型企业案例,研究分析市场潜力,预测发展趋势,并提供策略风向,为政府政策决策和企业经营决策提供参考。由于是首次撰写,也是一次探索与尝试,对于报告中的一些观点和数据还将不断完善。

福厦经贸集团系福建省属国有企业,是中国人像摄影学会授权的产业大数据中心单位,集团旗下控股子公司北京熊宝贝科技发展有限公司(以下简称熊宝贝公司)是中国人像摄影学会战略合作伙伴,领航影楼 ERP 管理软件,在业界具有一定的影响力和知名度。通过熊宝贝公司,福厦经贸集团全面参与和深耕结婚文化产业,着力探索线上"66 结婚网"平台与线下"66 婚博园"、人像摄影产业大数据中心的深度互融,旨在打造"66 幸福生态圈"。此前发布的"66 结婚网"平台以"爱在厦门"旅拍项目作为新引擎,将联动整合"后金砖时代"高颜值、高素质的厦门旅拍市场,不断满足人民日益增长的美好生活需要。